做自己的律师

丛书主编/韩文生

以案说法

——消费纠纷法律指引

刘炫麟 主编

中国言实出版社

图书在版编目（CIP）数据

以案说法. 消费纠纷法律指引 / 刘炫麟主编.
北京：中国言实出版社，2024.6. --（做自己的律师 /
韩文生）. -- ISBN 978-7-5171-4860-9

Ⅰ. D920.5

中国国家版本馆CIP数据核字第2024P8B518号

以案说法——消费纠纷法律指引

责任编辑：王战星
责任校对：代青霞

出版发行：中国言实出版社

　　　　地　址：北京市朝阳区北苑路180号加利大厦5号楼105室
　　　　邮　编：100101
　　　　编辑部：北京市海淀区花园北路35号院9号楼302室
　　　　邮　编：100083
　　　　电　话：010-64924853（总编室）　010-64924716（发行部）
　　　　网　址：www.zgyscbs.cn　　电子邮箱：zgyscbs@263.net

经　　销：新华书店
印　　刷：北京温林源印刷有限公司
版　　次：2024年9月第1版　　2024年9月第1次印刷
规　　格：880毫米×1230毫米　　1/32　　9印张
字　　数：196千字

定　　价：68.00元
书　　号：ISBN 978-7-5171-4860-9

丛书编委会

主 任

韩文生

副主任

许身健

编委（以姓氏笔画排序）

丁亚琪　乌　兰　刘　涛　刘炫麟
刘智慧　苏　宇　李　晓　李　琳
范　伟　赵　霞　臧德胜

本书编委会

主　编

刘炫麟

副主编

芦　云　魏　旻　丁　冬　黄宇帅

撰稿人（以姓氏笔画排序）

丁　冬	朱　巍	乔竞航	刘大忠	刘炫麟
芦　云	李　斌	旷宇欣	张冠楠	张慧子
赵　赫	郝海若	胡淽晅	饶　伟	高文东
黄先莹	黄宇帅	魏　旻		

总　序

在建设法治中国这一波澜壮阔的历史征程中，每个公民不仅是其辉煌历程的见证人，更是积极参与、奋力推动其前行的中坚力量。面对法治时代的召唤，我们如何自处？答案既简单又深远：既要成为遵纪守法的模范公民，又要勇于并善于拿起法律武器，捍卫自身合法权益。这一使命，可概括为以下四个方面：

一是树立法治意识。这是心灵深处的法律灯塔，照亮公民对法律的认知之路。它不仅是对法律规则的敬畏与尊重，更是内化为日常行为的自觉遵循，其强弱直接关系到法治社会的建设成效。

二是培养法治思维。这是开启法律智慧大门的钥匙，引领我们从法治的视角审视世界、解决问题，是推动社会公正与和谐的重要力量。

三是提升法治能力。这不仅是具备从法律视角发现问题、分析问题、解决问题的能力，还体现在能够依法处理各类法律事务上。随着国家治理体系和治理能力现代化的完善和推进，法治能力是每个公民不可或缺的技能。

四是依法维护自身合法权益。法律，是公民权利的守护神。

在权益受到侵害时，我们不应选择沉默或妥协，而应勇敢地拿起法律武器，捍卫自己的尊严与权益。通过学习法律知识，了解法律程序，我们能够更加自信地面对挑战，确保自己的合法权益不受侵犯。

这套"做自己的律师"丛书，正是基于这样的理念与使命而诞生。它汇聚了我们身边一些常见的、真实的、典型的法律案例，通过深入解析，全方位、多角度地满足读者学习法律的需求。

丛书共9册，包括婚姻家庭继承、侵权、消费者权益保护、物权、合同、公司、劳动、刑事、行政等法律领域，为读者提供了全面而深入的法律指引。

我坚信，这套丛书将成为每位公民提升法治意识、培养法治思维、增强法治能力、依法维护自身合法权益的得力助手。书中丰富的案例，如同明灯一般，为读者提供可借鉴、可参考的解决方案，让法律不再是遥不可及的概念，而是触手可及、切实可行的行动指南。

我深信，当您细细品读本套丛书之时，定能更深刻地领悟法律之精髓，体会法治之真谛。在这一过程中，您将获得法律知识的全面滋养，清晰界定自己在法律框架中的位置，明确自身权利、义务与责任，从而在面对生活与工作的种种情境时，能够更加自信、有力地捍卫自己的合法权益。

本套丛书的作者群体包括中国政法大学的专家、学者和司法实践经验丰富的律师、法官等。尽管每位成员的工作均极为繁重，但他们以法律普及为己任，不辞辛劳，甘愿牺牲个人休息时间，夜以继日，只为将法律的精髓与智慧凝结成册，按期呈现给广大读者。在此，特向他们致以衷心的感谢！

本套丛书不仅对社会大众读者广有裨益，而且对从事立法、行政执法、司法、纪检监察、律师、公证、基层法律服务、法学教研、政府机关、社区、村民自治等相关工作的人士同样具有重要参考价值。

愿法律与您同在，愿法治与您同行！

韩文生

中国政法大学法硕学院党委书记

前　言

随着我国经济飞速发展和科技不断进步，尤其是进入 21 世纪网络信息时代之后，人们的消费方式、消费理念、消费结构等均经历了前所未有的变革。过去传统的消费方式和消费结构逐渐让位于多元化、个性化、智能化的新兴消费方式。消费理念从简单的物质满足转向追求品质生活、注重消费体验和健康环保等。在这一时代背景下，消费者权益的保护问题尤为重要。为了更好地适应和满足消费者需求变化，保障消费者的合法权益，我国于2013 年第二次修正《消费者权益保护法》，2020 年制定《民法典》，2024 年出台《消费者权益保护法实施条例》《国务院关于促进服务消费高质量发展的意见》，对上述变化所产生的新问题、新情况、新要求、新期待进行了针对性回应，这对保护在经济地位和信息占有等方面处于弱势地位的消费者的合法权益和维护良好的社会经济秩序，发挥了至关重要的作用。

党的二十大报告指出："我们要坚持走中国特色社会主义法治道路，建设中国特色社会主义法治体系、建设社会主义法治国家，围绕保障和促进社会公平正义，坚持依法治国、依法执政、依法行政共同推进，坚持法治国家、法治政府、法治社会一体建设，全面推进科学立法、严格执法、公正司法、全民守法，全面推进国家各方面工作法治化。"在全面推进"法治中国"建设的过程中，消费领域的法治建设不容忽视。如何在为消费者权益提供立法保护、行政保护和司法保护的同时，实现规制经营者违法行为和促进消费诚信体系建设的目的，是一项长期而复杂的任务，受到社会各界的高度关注。

国家鼓励消费者文明理性消费，提高自我保护意识，依法维护自身合法权益。为此，我们组织了18位理论学者和实务专家，分别从网络购物、餐饮、预付式消费、食品药品、汽车、商品房、旅游、医疗美容、教育培训、家政服务、体育健身等十余个与人民生活紧密相关的领域，精心遴选57个真实案例进行逐一剖析，并提出具有针对性的专家建议，旨在提高消费者的维权意识和维权技能，促进经营者的规范营业，共建良好的市场经济秩序和法治营商环境。

本书初稿完成后，副主编协助主编进行了多次统稿，最后由主编定稿。由于学识有限，书中错讹，恐在所难免，祈请广大读者批评指正，以不断修正和完善。

本书编委会

2024 年 3 月 15 日

目 录

二、餐饮消费纠纷

三、预付式消费纠纷

四、食药消费纠纷

五、汽车消费纠纷

一、网购消费纠纷

商家误导消费，该怎么维权

随着互联网技术的快速发展，网购已成为人们日常生活的重要组成部分。其中，误导消费是消费者在网购过程中经常遇到的问题。误导消费不仅损害了消费者的利益，也影响了整个电子商务行业的健康发展。网络消费中，消费者享有知悉其购买、使用的商品的真实情况的权利。商品的真实情况会影响消费者的购买决策，故经营者应当如实进行告知。民事主体从事民事活动，应当遵循诚信原则，恪守承诺。因此关注此类事件有利于倡导以法为度、以信为本的电子商务经营理念。

一、案例介绍

（一）基本案情

2021年9月，刘某在吴某经营的淘宝店铺支付5800元购买了一台全新笔记本电脑，收到后发现电脑多处有划痕和电池等有问题，通过官方维修显示该电脑是二手电脑，刘某认为吴某涉嫌欺诈，故在2022年5月以信息网络买卖合同纠纷为由将吴某诉至法院，请求法院判令吴某退货退款5800元，并赔偿三倍货款17400元。①

---

① 详可参见北京市第四中级人民法院民事判决书（2022）京04民终246号民事判决书。

（二）法院裁决

1. 一审法院

一审判决认为，刘某提交的交易界面截图、交易快照、淘宝网信息纰漏截图显示，刘某在吴某经营的店铺中购买苹果电脑。通过淘宝订单交易快照可以看出吴某在其店铺中宣称涉案电脑系全新机器，然而通过官方维修记录可以看出涉案电脑向刘某销售时并非全新状态，吴某隐瞒了涉案电脑的真实情况，属于故意向消费者作虚假宣传及故意隐瞒真实情况的情形，吴某的行为对刘某造成消费误导，构成民事欺诈。一审法院判决吴某退货退款并承担三倍惩罚性赔偿责任。

2. 二审法院

二审判决中双方当事人均未提交新的证据，二审法院经审理查明的事实与一审法院查明的事实一致，法院判决驳回上诉，维持原判。自判决生效之日起7日内，吴某将货款5800元退还给刘某，原告刘某将所购涉案商品退还给吴某（退回商品的运费由吴某承担），并支付刘某赔偿款17400元。

二、以案说法

本案争议焦点为商家隐瞒商品情况是否构成消费欺诈，是否符合"退一赔三"情况。

根据《消费者权益保护法》第五十五条的规定，经营者提供商品或者服务有欺诈行为的，应当按照消费者的要求增加赔偿其受到的损失，增加赔偿的金额为消费者购买商品的价款或者接受服务的费用的三倍。本案中，商家故意隐瞒涉案电脑真实情况，声称涉案电脑系全新机器，诱导消费者刘某作出错误意思表示，在违背真实意思的情况下购买，造成损失，符合消费欺诈的构成要件，应退还全款并赔偿购买商品的三倍价款。

三、专家建议

"退一赔三"是《消费者权益保护法》规定的惩罚性赔偿类型，适用的前提是商家在销售过程中存在欺诈行为。同时，消费者因欺诈行为导致消费行为。值得注意的是，这里所言的欺诈类型比较多，有的是广告宣传，有的是销售话术，还有的集中在直播电商的口播过程。

如果商家在宣传过程中出现了虚假宣传，就会出现虚假宣传与欺诈相竞合的情况。虚假宣传应承担广告法上的行政处罚法律责任，欺诈则应按照《消费者权益保护法》承担惩罚性赔偿责任。在法律适用上，这二者并不相冲突，即不能因商家受到行政处罚而减免民事赔偿责任，也不能因商家承担了民事赔偿而不履行行政处罚。

消费者在要求惩罚性赔偿的时候，既可以向商家直接提出，也可以向市场监督管理部门举报投诉，还可以向法院提起诉讼。消费者如果向法院提起诉讼，应在证据举证方面对经营者欺诈的事实做出举证，也应为自己陷入欺诈做出说明。

四、关联法条

《消费者权益保护法》第五十五条;《消费者权益保护法实施条例》第四十九条;《民事诉讼法》第六十七条。

未成年人大额游戏充值，能退款吗

当前，随着互联网的普及，未成年人上网行为逐渐日常化。然而，由于未成年人缺乏足够的判断力和自我控制能力，他们的网络打赏、网络充值往往容易产生纠纷。近些年来北京互联网法院受理涉未成年人网络民事纠纷大多涉游戏充值、直播打赏，案件平均标的额超 6 万元。涉诉未成年人呈现出显著的低龄化特点。那么，监护人在面对未成年子女大额游戏充值时应如何处理呢？

一、案例简介

（一）基本案情

原告张某的女儿张小某，出生于 2011 年，为小学五年级学生。张小某于 2022 年 4 月 19 日晚上在原告不知情的情况下使用原告的手机通过某直播平台，在主播诱导下通过原告支付宝账户支付给被告某数码科技有限公司经营的"某点卡专营店"5949.87 元，用于购买游戏充值点卡，共计 4 笔。该 4 笔交易记录发生在 2022 年 4 月 19 日 21 时 07 分 53 秒至 2022 年 4 月 19 日 21 时 30 分 00 秒。原告张某认为，张小某作为限制民事行为能力人使用原告手机在半个小时左右的时间里从被告处购买游戏充值点卡达到 5949.87 元，并且在当天相近时间段内向其他游戏点卡网络经营者充值及进行网络直播打赏等消费 10 余万元，显然已经超出与其年龄、智力相适宜的范围，被告应当予以返还，遂诉至法院请求被告返还充值款 5949.87 元。①

（二）法院裁决

审理法院认为，限制民事行为能力人实施的纯获利益的民事法律行为或者与其年龄、智力、精神状况相适应的民事法律行为有效；实施的其他民事法律行为经法定代理人同意或者追认后有效。本案中，原告张某的女儿张小某为限制民事行为能力人，张小某使用其父支付宝账号分 4 次向被告经营的点卡专营店共支付5949.87 元，该行为明显已经超出与其年龄、智力相适宜的程度，现原告张某对张小某的行为不予追认，被告应当将该款项退还原告。依据《民法典》第十九条、第二十三条、第二十七条、第一百四十五条规定，判令被告返还原告充值款 5949.87 元。

二、以案说法

本案争议焦点为张小某大额游戏充值行为是否有效。

根据《民法典》第十九条、第二十三条和第二十七条的规定，八周岁以上的未成年人为限制民事行为能力人，实施民事法律行为由其法定代理人代理或者经其法定代理人同意、追认；无民事行为能力人、限制民事行为能力人的监护人是其法定代理人；父母是未成年子女的监护人。本案中，张小某行为时系 13 岁，为限制行为能力人，张某为其法定代理人。

根据《民法典》第一百四十五条第一款的规定，限制行为能力人实施的与其年龄、智力、精神状况不相适应的民事法律行为，须经其法定代理人同意或追认后有效。本案中，张小某使用其父支付宝账号分 4 次向被告经营的点卡专营店共支付 5949.87 元，该

---

① 详可参见最高人民法院发布十件网络消费典型案例【法宝引证码】CLI.C.503756738

行为明显已经超出与其年龄、智力相适宜的程度，现原告对张小某的行为不予追认，故张小某大额游戏充值行为无效。

三、专家建议

未成年人网络充值消费退还问题的难点，不在于法律适用问题，而在于证据证明问题。按照新修订的《未成年人保护法》，以及新闻出版署、网信办、文旅部等出台的相关规定看，未成年人是没有大额充值、超过限额网络消费等权利的。实践中出现此类问题的情况，大多集中在未成年人使用监护人等成年人账号、账户进行充值或消费服务。

按照基本的举证规则，主张权利的人需要自己拿出相关证据。监护人至少需要证明以下几点：第一，账号行为系未成年人未经允许的行为。第二，账号系未成年人操作使用。第三，监护人不对未成年人行为进行事后追认。第四，充值或消费金额超过一定标准。

在法律实践过程中，真正能够通过诉讼拿回未成年人充值或网络消费金额的案件比例还是比较小的。事实上，监护人很难证明充值或消费行为系未成年人完成。

基于以上的原因，结合《未成年保护法》等相关规定，提出以下建议。首先，未成年人应使用自己账号进行网络活动，这样做的好处除了能减轻举证负担外，平台对未成年人账号推荐内容也能起到更好的过滤作用。其次，监护人要做好监管，按照《家庭教育促进法》规定，家长是孩子教育第一责任人。最后，学校、社会等还是要定期做好未成年人上网安全培训工作，避免孩子沉迷网络。

四、关联法条

《民法典》第十九条、第二十三条、第二十七条、第一百四十五条。

"七天无理由退货"是否等于
"无条件"退货

随着互联网的普及和电商平台的发展，越来越多消费者的购物方式从线下转移到了线上，网购成为了居民日常消费的重要选择。根据中国互联网信息中心（CNNIC）第52次《中国互联网络发展状况统计报告》，截至2023年6月，我国网络购物用户规模达8.84亿人。由于网购为远程交易，为保护消费者的合法权益，法律赋予了消费者"七天无理由退货"的权利。但"七天无理由退货"并非意味着完全无门槛退货，也并非所有网购商品都能"七天无理由退货"，其中都需满足一定的条件。对此，消费者需知晓"七天无理由退货"并不等于"无条件"退货。

一、案例简介

（一）基本案情

2021年9月14日，全某通过A网购平台向北京A分公司购买了一台B品牌家用油烟机。该商品出售页面具有"七天无理由退货"的文字标识。北京A分公司通过A快递于2021年9月16日送达了涉案商品。全某于涉案商品送达当天即安装并使用了该油烟机。全某于2021年9月19日向北京A分公司提交退货申请，申请原因为"买多/买错/不满意/款式不合适"，并在一审庭中明确其依据的是"七天无理由退换货规则"，提出退货申请。北京A

分公司随后以商品已安装并有明显使用痕迹为由拒绝全某的退货申请。①

（二）法院裁决

1. 一审判决

一审法院经查，全某自认其在涉案油烟机送达当天即安排进行安装并使用至今，从全某提交退货申请的照片中，显示其申请退货时涉案商品已被安装并呈现出明显的油渍，此种使用行为已超出一般意义上为检查商品而对商品进行拆封检查的限度，此种"难以恢复原状的外观类使用痕迹"对涉案商品的价值有明显贬损，已无法进行正常的二次销售，不符合"七天无理由退换货规则"要求，故对于全某要求退货退款的诉讼请求，无法律及事实依据，依法不予支持。

2. 二审判决

二审法院认为，全某在北京 A 分公司经营的"京东商城"购买了涉案商品，买卖双方之间建立了信息网络买卖合同关系。本案二审争议焦点为：全某在已实际使用涉案油烟机后能否行使申请七天无理由退货的权利。

二审法院认为，商品完好是网络购物消费者行使七天无理由退货权利的前提条件。本案中，全某在收到油烟机后即进行使用，致使油烟机产生出明显的油渍，不属于因检查商品的必要进行拆封查验及因查验或确认商品品质、功能的必须而使用产品，导致涉案油烟机使用痕迹明显，必然影响二次销售，不应视为商品完好，故全某的上诉请求不能成立，应予驳回；一审判决认定事实清楚，适用法律正确，应予维持。

---

① 详可参见北京市第四中级人民法院（2022）京 04 民终 547 号民事判决书。

二、以案说法

本案的争议焦点为全某在实际使用涉案油烟机后能否行使申请七天无理由退货的权利。

《消费者权益保护法》第二十五条规定，消费者退货的商品应当完好。经营者应当自收到退回商品之日起七日内返还消费者支付的商品价款。同时，《网络购买商品七日无理由退货暂行办法》第八条、第九条第二款对电器的完好与否有更详细的描述，规定消费者退回的商品应当完好。商品能够保持原有品质、功能，商品本身、配件、商标标识齐全的，视为商品完好。消费者基于查验需要而打开商品包装，或者为确认商品的品质、功能而进行合理的调试不影响商品的完好。而对超出查验和确认商品品质、功能需要而使用商品，导致商品价值贬损较大的，视为商品不完好。第二款特别针对电子电器类，进行未经授权的维修、改动、破坏、涂改强制性产品认证标志、指示标贴、机器序列号等，有难以恢复原状的外观类使用痕迹，或者产生激活、授权信息、不合理的个人使用数据留存等数据类使用痕迹。上述案件中，全某收到涉案商品后立即拆开进行长期性使用，致使油烟机产生出明显的油渍，有难以恢复原状的外观类使用痕迹，致使涉案商品的价值有明显贬损，涉案商品不完好。因此，商家可以拒绝"七天无理由退货"申请。

是否可以退货的关键在于商品的价值有无实际贬损，是否影响二次销售。确立"七天无理由退换货"制度的初衷，是使网购消费者享有与实体商场购物同等的检查、试用商品的机会，从而自主决定是否进行交易，降低网购的不确定性和风险，增强消费者的信心，从而激发市场活力。然而，这一制度并非无条件，它的适用也有明确的界限。不能侵犯商家的权益。如果超出查验商品品质、功能需要而使用商品，按照一般公众认知，商品存在难以恢复的使用痕迹或价值已经明显贬损，进而影响二次销售，则不适用"七日无理由退换货规则"。

三、专家建议

消费者购买商品后，退换货的依据不仅是无理由退货，而且还可以依据《产品质量法》和《消费者权益保护法》的"三包"等相关规定。如果在使用过程中出现了质量问题，或者与实际宣传不相符等情况，完全可以依照虚假宣传、"三包"服务等规定主张退换货权利。

无理由退换货的前提，是不影响产品二次销售。其实，相关规定对拆封查验等必要流程都做了豁免性排除，为了查验而做出的必要检验是必须的。但这个检验也有相应前提，核心就是不能影响二次销售。因此，建议消费者在购买商品后，若要行使无理由退货权利，就必须做到不能影响商品二次销售。如果在使用过程中出现产品质量等问题，那就应该依照"三包"规定进行退换货要求。

四、关联法条

《消费者权益保护法》第二十五条；《消费者权益保护法实施条例》第十九条；《网络购买商品七日无理由退货暂行办法》第八条、第九条；《民事诉讼法》第六十七条。

网购商品有问题，消费者是否有权让第三方平台赔偿

当下，网络购物、网络服务等互联网行业正朝着生活新常态的方向发展，以淘宝、抖音、快手为代表负责提供交易服务的第三方平台在互联网产品和服务中日益扮演着重要的角色。作为提供交易信息和促成双方交易顺利达成的居间者，第三方平台有管理平台内容和保障消费者安全的义务。但是百密总有一疏，第三方平台无法做到随时确保平台内经营者的相关信息完全真实有效。如果出现网购商品有问题的情况，消费者除了有权让商家承担赔偿责任，是否还有权让买卖合同关系外的第三方平台承担连带赔偿责任，这值得思考。

一、案例简介

（一）基本案情

2021 年 1 月 7 日，曹某在 M 平台上 A 店铺购买了"沉香茶奇楠沉香叶茶正宗沉香"。由于商家在产品中非法添加沉香，在直播间虚假宣传该涉案产品功效，误导欺诈消费者，且涉案产品没有生产许可证、生产日期和保质期，不符合食品安全标准，存在食品安全隐患的原因，曹某向当地监管部门举报商家。但曹某通过注册地址无法联系到 A 商家，截至案前 A 商家已被列为异常经营。原告曹某认为被告 M 平台公司应当具有规范平台、审查入驻商家

的义务，应当在入驻商家销售误导欺诈消费者、不符合食品安全标准的产品时承担连带责任，要求被告退回货款，并依法进行 10 倍赔偿。对此被告 M 平台公司辩称作为平台其与原告未建立信息网络买卖合同关系，不是本案适格被告。①

（二）法院裁决

1. 一审判决

一审法院认为，M 平台公司作为电子商务平台经营者，并非案涉合同的相对方，与曹某不存在信息网络买卖合同关系。M 平台公司已向曹某提供案涉商品经营者的营业执照。根据现有证据无法证明 M 平台公司主观上存在过错，没有证据证明 M 平台公司存在承担连带责任的情形，故对曹某要求 M 平台公司承担责任的诉讼请求，一审法院不予支持，驳回曹某的全部诉讼请求。

2. 二审判决

二审法院认为，首先，上诉人从未主动向被上诉人要求披露案涉店铺经营者的信息，上诉人径行以被上诉人不能披露相关信息为由请求被上诉人作为平台经营者承担先行赔偿责任缺乏依据；其次，由于上诉人已自行掌握了案涉店铺经营者的上述信息，被上诉人也能够在法院审理阶段提供上述信息，因此上诉人再行请求被上诉人承担不能披露相关信息的责任之理由已不能成立。

二审法院认为被上诉人作为网络交易平台经营者，客观上并不具备随时确保平台内经营者的相关信息真实有效的能力。现有证据不足以证实被上诉人存在其他明知或应知案涉工艺品店利用其平台实施侵权行为的情形，因此，二审法院认为一审判决结果并无不当，予以维持。

① 详可参见北京市第四中级人民法院（2022）京 04 民终 257 号民事判决书、北京互联网法院（2021）京 0491 民初 39382 号民事判决书。

二、以案说法

本案争议焦点为网络交易平台经营者是否应承担第三方连带赔偿责任。

首先，一审法院、二审法院均认可网易交易平台经营者非信息网络买卖合同相对方，现需判断涉案平台行为是否存在承担连带责任情形。根据《最高人民法院关于审理食品安全民事纠纷案件适用法律若干问题的解释》第三条、《消费者权益保护法》第四十四条第三款的相关规定，电子商务平台经营者违反食品安全法第六十二条和第一百三十一条规定，未对平台内食品经营者进行实名登记、审查许可证，或者未履行报告、停止提供网络交易平台服务等义务，使消费者的合法权益受到损害，消费者主张电子商务平台经营者与平台内食品经营者承担连带责任的，人民法院应予支持。本案中涉案平台掌握涉案店铺的营业执照，并在案前列为异常经营，及时控制事态发展，未造成消费者合法权益损害，不满足此类情形。

根据《电子商务法》第三十八条第一款、《最高人民法院关于审理网络消费纠纷案件适用法律若干问题的规定（一）》第十五条、第十六条，电子商务平台经营者知道或者应当知道平台内经营者销售的商品或者提供的服务不符合保障人身、财产安全的要求，或者有其他侵害消费者合法权益行为，未采取必要措施的，依法与该平台内经营者承担连带责任。本案中，涉案平台提供案涉商品经营者的营业执照，并将涉案店铺列为异常经营，属于采取必要措施，不依据此法承担连带责任。

根据《消费者权益保护法》第四十四条、《最高人民法院关于审理网络消费纠纷案件适用法律若干问题的规定（一）》第十四条，网络交易平台提供者不能提供销售者或者服务者的真实名称、地址和有效联系方式的，消费者也可以向网络交易平台提供者要求赔偿。本案中，申请人从未主动向涉案网络服务交易平台要求披露案涉店铺经营者的信息，同时申请人已自行掌握案涉店铺经营者的相关信息，网络服务经营者也能够在法院审理阶段提供上述信息，不满足承担连带责任的条件。

因此，基于平台非买卖合同相对方，且在本案中已采取措施，如实名登记审查、异常经营标记，提供营业执照等信息，不满足连带责任条件，网络交易平台经营者不承担连带赔偿责任。

三、专家建议

首先，按照《电子商务法》和最高人民法院司法解释规定，直播间运营者在直播过程中的销售行为属于网络销售，并非是广告行为。因此，平台应按照《电子商务法》承担电子商务平台经营者义务和责任。

其次，电商平台对平台内经营者的责任并非是无过错责任，其主要责任类别在于《电子商务法》《消费者权益保护法》《产品质量法》《食品安全法》所规定的类别。除了以上法律明确规定的连带责任外，不能要求平台承担连带责任或补充、按份责任。

最后，电商平台除了应承担对平台内经营者真实身份信息核实、验证等责任外，还应依据《网络交易管理办法》相关规定，对直播带货过程中的直播回放保存三年以上，以供消费维权使用。

因此，消费者在线上直播间购买相关产品出现问题时，要将投诉、退货、举报、取证和诉讼过程结合起来，按照过程和具体需求行使自己的权利。

四、关联法条

《最高人民法院关于审理食品安全民事纠纷案件适用法律若干问题的解释》第三条;《电子商务法》第五十八条、第三十八条;《消费者权益保护法》第四十四条;《最高人民法院关于审理网络消费纠纷案件适用法律若干问题的规定（一）》第十四条至第十七条;《食品安全法》第一百三十一条。

网购商品是假货，是否可以
主张"假一赔十"

网购已经成为越来越多消费者的主流消费方式。许多商家为了招揽顾客，增强自家商品或服务的吸引力，会在网络店铺页面或商品详情页，作出"假一赔十""如假包换"等各种承诺。当消费者真的以买到假货为由，要求商家兑现承诺时，商家又往往以各种借口不肯履行承诺。在网购过程中不慎买到假货，消费者真的可以主张"假一赔十"吗？

一、案例简介

（一）基本案情

因家中装修需要，王某在某电商平台"海外淘贸易"店铺购买2个汉斯格雅品牌花洒喷头，花费899.98元。收货后，王某发现该商品与店铺描述存在较大出入，询问卖家是否发错货物，店铺经营者单某否认。王某遂与该品牌花洒官方求证，得知涉案店铺并未获得品牌代理授权。店铺也无法提供正规的进货渠道证明。王某认为其购买的花洒是假冒产品，要求单某按其店铺承诺的"假一赔十"承担赔偿责任，单某拒绝。王某申请平台官方介入处理，该平台拒绝了王某的要求。后涉案"海外淘贸易"店铺关闭，根据该平台提供的信息，确认单某为店铺实际经营者。王某遂提起诉讼，要求单某退货并赔偿8999.80元，承担诉讼费、鉴定费等费用。庭审中，被告单某当庭承认所售花洒并非正品，但辩称"若收到商品是假冒品牌，可获得十倍现金券赔偿是某电商平台承诺的假一赔十条款，非自己店铺承诺"。①

（二）法院裁决

1. 一审法院

一审法院认为，"假一赔十"承诺为王某与单某信息网络买卖合同的内容之一，王某要求退货并履行"假一赔十"承诺的主张，有事实和法律依据，依法应予支持。某电商平台系交易平台而非合同当事人，单某辩称该承诺由某电商平台作出，无事实和法律依据。王某主张的鉴定费等合理费用，因未提交相关证据，不予支持。依照《民法典》第四百六十五条、第四百六十九条、第五百零九条、第五百七十七条，判决：（1）限单某于一审判决生效之日起 10 日内赔偿原告王某 8999.80 元；（2）限王某于一审判决生效之日起 10 日内，将其在单某处购买的花洒喷头予以退货，如未能按期退货，被告单某有权在判决主文第一项中按照原购买价格，从应支付王某的赔偿款中扣除；（3）驳回王某其他诉讼请求。案件受理费减半收取计 25 元，由被告单某负担。

2. 二审法院

单某不服一审判决，提起上诉，认为"假一赔十"承诺系某电商平台作出。二审法院经审理认为，案涉"假一赔十"条款系涉案店铺信息页面上的内容，可以认定承诺系涉案商家作出。单某上诉请求不能成立，应予驳回；一审判决事实清楚，适用法律正确，应予维持。

---

① 详可参见山东省烟台市中级人民法院（2023）鲁 06 民终 2997 号。

二、以案说法

本案的争议焦点是："假一赔十"的承诺是否有效，以及该承诺究竟是应当由平台履行，还是由涉案店铺的经营者单某履行。

（一）王某与单某形成信息网络买卖合同关系

信息网络买卖合同关系是指通过信息网络（如电商平台、网络直播间、社交媒体等）购买商品或服务所形成的合同关系。本案中，王某通过某电商平台与单某完成花洒的买卖交易，系通过电商平台建立买卖合同关系，该合同系双方当事人真实意思表示，不违反法律、行政法规的强制性规定，依法成立，对双方具有法律拘束力。

（二）"假一赔十"系商家对消费者作出的更有利承诺，承诺必须恪守

现实生活中，不少商家为提升销量、吸引流量，在销售商品或提供服务时宣称"假一赔十"，本质上是对不特定消费者作出的承诺。此类承诺既是消费者愿意下单购买特定商品或服务的重要决策参考，也是对双方具有法律拘束力的合同约定。此类承诺由商家自愿作出，并在网络店铺或商品页面通过图文、视频等形式进行展示，不违反法律、行政法规的强制性规定，属于商家向消费者作出的高于国家、行业标准的有利承诺、有效承诺。

《民法典》第七条规定，民事主体从事民事活动，应当遵循诚信原则，秉持诚实，恪守承诺。"假一赔十"作为商家的营销手段，其本质是商家通过宣传增加自身义务、为消费者提供更优的售后保障，来赢得消费者信任、促进销售。该承诺一经作出，并赋予其法律效力，可以有效维护交易秩序，督促经营者诚信、审慎经营。本案中，单某作为网络店铺的实际经营者，自愿作出上

述承诺，王某作为消费者支付了对应价款、完成了花洒的购买行为，应视为双方达成了合意。该承诺是花洒买卖合同的重要组成部分，商家理应恪守承诺。在其销售不符合约定质量要求的花洒，且王某要求其履行"假一赔十"承诺时，商家应依约履行。

（三）某电商平台作为电商平台经营者，不是"假一赔十"承诺的当事方

《电子商务法》第九条第二款规定，电子商务平台经营者，是指在电子商务中为交易双方或者多方提供网络经营场所、交易撮合、信息发布等服务，供交易双方或者多方独立开展交易活动的法人或者非法人组织。根据《电子商务法》第二十七条，某电商平台作为平台经营者应当要求入网经营者提交其身份、地址、联系方式、行政许可等真实信息，进行核验、登记，建立登记档案，并定期核验更新。本案中，某电商平台是为王某和单某经营店铺提供交易撮合等服务的平台角色，而非买卖合同的一方当事人，"假一赔十"承诺并非某电商平台作出，因此某电商平台不承担上述承诺的履行义务。

三、专家建议

"假一赔十"是商家自愿作出的更有利于消费者的商业承诺和售后保障。消费者在选购商品或者服务时，此类承诺对消费决策具有较强的影响力。消费者对敢于作出此类承诺的商家，在心理上会有更强的信任感，更倾向于认定"只有销售的是正品的商家，才敢作出类似承诺"。从本案及类似案件的情况来看，确实也不排除有少数商家假借此类承诺虚假宣传、欺诈、误导消费者的可能。对于消费者而言，一是在购物前，对此类承诺要保持合理怀疑，必要时可以进一步与商家核实承诺的真实性和可执行性。二是对此类承诺的宣传图文、视频等要在交易时，作好截图、录屏等必要的证据留存，方便后续发生纠纷时更好地举证。三是要留存好支付记录、订单票据，要求商家出具电子或纸质发票、收据等消费凭证。四是收到商品后，及时进行外观检查、官方渠道验真等，确保商品是质量安全、符合标准的正品。五是发现商家有销售假冒伪劣商品的嫌疑时，及时通过投诉举报、起诉等维护自身合法权益。对经营者而言，对自己销售的商品要进行供应商资质审查、索证索票，确保来源合法、有品牌授权等，是减少纠纷、避免承担不利后果的重要保障。通过本案判决可知，"假一赔十"的承诺要慎重作出，一旦作出就要受到该承诺的法律拘束，承担相应法律后果。

四、关联法条

《民法典》第五百零九条、第五百七十七条；《最高人民法院关于审理网络消费纠纷案件适用法律若干问题的规定（一）》第十条。

演出门票可以选择"七天无理由退货"吗

随着文化娱乐市场的加快复苏，演唱会、音乐会、话剧等文化消费产品，深受消费者欢迎和喜爱。小伙伴们相约去看一场演唱会、音乐会等成为不少人首选的休闲娱乐。演出门票往往出现一票难求的情况。由于演出门票从预售、开票到实际演出，有较长的时间跨度，部分消费者因为各种因素无法按期观看演出的情况时有发生。出现上述情况，消费者能够要求行使"七天无理由退货"的权利吗？互联网票务平台又能否以演出门票的特殊属性等为由，拒绝消费者的退货要求？

一、案例简介

（一）基本案情

2020年10月12日，吴某通过某票务APP支付1920元订购了2021年1月1日、1月3日的推理音乐剧门票各2张。订单详情的"购票服务"中载明：不支持退。"购票须知"记载：退票/换票规则票品为有价证券，非普通商品，其背后承载的文化服务具有时效性、稀缺性等特征，不支持退换。吴某在购票后当天，申请退票被拒，遂向法院提起诉讼，吴某认为购票后，涉案门票的演出人员发生了变更，某票务APP理应提供退票服务。同时，某票务APP在协议中明确约定演出门票不适用七天无理由退货，属于霸王条款、格式条款，限制了自己的合法权益，也属无效。故请求：1. 被告某票务 APP 给予原告订单全额退款并一倍赔偿，共计 3840 元；2. 本案诉讼费用由被告承担。

被告某票务 APP 辩称，不同意原告诉讼请求。原告所主张的七天无理由退货不适用本案票务服务。根据演出票服务规范，日常购买的是演出单位提供的服务，门票是凭证并非商品，被告作为票务公司，仅仅向购票用户提供信息查询展示和预订，票务公司和吴某之间非商品服务，在七天无理由退换的时候只是针对商品并没有限于服务，本案经过与主办方核实本身就是不支持退换票的。针对原告提出的格式条款，某票务 APP 在线上门票详情页上提示不支持退票，并且在用户协议上也已经用字体加粗和加下划线的方式提醒消费者注意。消费者最开始查询时反复会有提示，因此该条款有效。①

（二）法院裁决

吴某在被告经营的某票务 APP 平台购买门票，与被告成立了网络服务合同关系，该合同系双方当事人的真实意思表示，且不违背法律、行政法规的强制性规定，应属合法有效。原告主张的演出人员变更导致其申请退票，无事实和法律依据。门票作为特殊商品，在售卖时就记载了详细演出信息，不存在在实际收到门票之前难以判断是否与网络描述一致的问题，故不适用七天无理由退货规则。且被告某票务 APP 多次提示门票不退的规则，尽到了合理提示义务。综上，原告的诉讼请求缺乏依据，不予支持。案件受理费 50 元，由原告负担。

---

① 详可参见北京互联网法院（2021）京 0491 民初 6814 号。

二、以案说法

本案的争议焦点有二：一是演出人员变更能否作为原告要求退票的依据；二是演出门票能否适用七天无理由退货的规定。

（一）本案中门票所涉及的演出人员并未发生变更

在案证据显示，门票对应演出的演出人员在原告购票时，并未确定。原告购票后，演出方才公布了门票对应演出日的演出人员名单。因此，原告在购票时已经知晓演出人员尚未确定的事实，此时仍选择购买，属于自主的消费决策，被告某票务 APP 对此并无过错。

（二）七天无理由退货不适用于门票等特殊商品

根据《消费者权益保护法》第二十五条的规定，经营者采用网络、电视、电话、邮购等方式销售商品，消费者有权自收到商品之日起七日内退货，且无须说明理由。该规定的立法目的是考虑到通过网络销售的商品，消费者在实际收到之前难以实际体验或判断商品是否与网络描述一致。因此，七天无理由退货制度的适用条件应符合以下几点：（1）通过网络方式购买商品；（2）无法实际体验或判断商品与商家宣传、网络描述是否一致；（3）商品的性质属于适宜退货的商品。

演出门票的性质属于观演票据，是在售卖环节就明确了演出名称、时间、地点等内容的观演凭证。消费者通过网络描述即可以了解到该门票记载的基本信息。因此，消费者不存在下单时对门票具体内容的认知和判断障碍，也不会出现与实际收取门票后体验或判断不一致的问题，不会让消费者出现认知偏差。消费者购买门票前，就应该根据自身实际情况合理统筹，决定是否购买门票。据此，涉案门票不属于《消费者权益保护法》第二十五条中适用七天无理由退货的商品。

（三）某票务APP平台已多次、合理提示门票"不支持退"的条款，尽到了提示义务

被告某票务APP在涉案门票的购票流程中多处设置专门提示"不支持退"，以及原告提交订单时须点击同意的《订票服务条款》中包含不支持七天无理由退票的条款。一方面，上述条款以字体加粗和加下划线的形式予以提示，尽到了必要的合理提示义务。另一方面，时效性、有限性及不记名是涉案门票不同于其他商品的重要特征，消费者在自由、良性的票务市场环境中可根据自身情况进行选购和转让，而允许任意退票则很可能给经营者的销售带来较大影响。因此，票务经营者根据自身经营需要约定不支持退票，不存在严重偏离公平原则而加重消费者责任的情形。故"涉案门票不支持七天无理由退票"的条款应是原、被告网络服务合同的必然组成部分，对双方当事人均有拘束力。对原告的该主张，法院不予支持。

三、专家建议

考虑到演出等文化娱乐项目的特殊性，演出门票一经售出、概不退换有其合理性。对于消费者而言，在选购演唱会、音乐会等演出门票时，应综合考量自身的工作、生活因素，合理安排时间和行程，尽量避免因为自身因素导致无法观演的情况发生。发生问题后，也应及时与票务平台方沟通或者采取转让等方式，尽最大限度争取降低损失。

需要注意的是，近年来为了打击黄牛囤票、炒票等行为，许多演出主办方、票务平台都推行了"强实名"票务规则。购票时，购票人需直接绑定观演者个人身份证件号码，后续需持身份证件核验或人脸识别才能进入演出场馆。"强实名"在规范票务市场的同时，也引发了争议。"强实名"更像是购买火车票、飞机票，身份证件号码与门票直接绑定，人、证、票（人脸识别、居民身份证、门票）合一才能入场。如果消费者确因客观原因无法到场，不能转赠、不能退款的门票会给消费者带来较大损失，不当加重消费者的责任。因此，票务平台方也应及时推出符合"强实名"制票务规则下的退改政策，供消费者选择，以更好地保障消费者的公平交易权。

四、关联法条

《消费者权益保护法》第二十五条；《消费者权益保护法实施条例》第十九条。

给商家"差评"要承担侵权责任吗

很多消费者在购买商品或者接受服务后，往往会通过网站或APP发表针对商品、服务和商家的评价。这些评价既是消费者个人消费和生活轨迹的记录，不同消费者的消费评价在互联网平台上持续累积，也形成了针对特定商品、服务和商家的消费者评分，为其他消费者的消费决策提供了重要参考。这些评价可能涉及数量、口味、质量、服务态度、服务效果、商家环境等方方面面的情况。消费评价的高低、好坏，对商家的声誉、生意也往往产生较大影响。因此，许多商家都特别在意消费者的差评，甚至不惜针对"打差评"的消费者提起诉讼来维护自身权益。通常情况下，对商家的产品或服务进行评价，是消费者的正当权利。但是，消费者的差评能随意给出吗？正常评价和侵害商家名誉权的边界在哪里？

一、案例简介

（一）基本案情

原告大连某美容诊所是具有医疗美容资质的企业。孙某曾在该诊所做过脱毛项目。因对脱毛效果和诊所员工服务态度不满意，2021年6月27日，孙某在某点评APP发表对该诊所的负面评价，主要内容有"太垃圾了，双眼皮做失败，脱毛八次一根毛没掉！坑死！""态度恶劣，技术差劲，不，根本没技术！"等。该诊所老板和法律顾问先后联系孙某，要求其删除上述负面评价。孙某承认其并没有在该诊所做过双眼皮手术，并向该诊所提供了在其他医院的消费记录。孙某承认只在该诊所做过脱毛，并称只要诊所全额退款就删除所有评论。原告申请大连市公证处对上述评论进行证据保全，保全证据显示截至2021年11月2日评论浏览量为1642。孙某称并未主动删除评论。但审理期间，法院查阅某点评APP，该商户下没有任何用户评论或体验报告。

大连某美容诊所认为，孙某发表的评价与事实不一致且含侮辱性词语，侵害了其名誉权，遂向法院提起诉讼，要求：（1）被告孙某立即停止侵权行为，公开赔礼道歉，消除影响，恢复原告名誉；（2）被告赔偿原告经济损失5.1万元；（3）本案诉讼费、公证费由被告承担。孙某辩称，同意赔礼道歉，自己确实未在原告诊所做过双眼皮手术。该条评论浏览量只有1000多条，后来想删除评论的时候，已经找不到该条评论了。原告主张的经济损失5.1万元没有证据，诉讼费和公证费请法院依法判决。①

（二）法院裁决

法院经审理认为，本被告孙某承认其在某点评APP上发表了有关双眼皮手术的不实评论，该行为构成对原告名誉权的侵害。综合考虑被告不实评论传播造成的影响、被告的主观过错、被告承担责任的经济能力、原告为维权支付的合理费用及受诉法院所在地的经济生活水平等因素，判决如下：（1）被告孙某于本判决生效之日起30日内在某点评APP上商户"××医疗美容"界面"体验报告"项下发布道歉声明，恢复原告名誉，该声明应持续保留7天（道歉声明内容须经本院审核）；（2）被告孙某于本判决生

---

① 详可参见辽宁省大连市中山区人民法院（2022）辽0202民初3217号。

效之日起 10 日内赔偿原告大连某美容诊所经济损失、合理维权费用共计人民币 6000 元；若逾期给付，应当依照《民事诉讼法》第二百六十条之规定，加倍支付迟延履行期间的债务利息；（3）驳回大连某美容诊所其他诉讼请求。案件受理费 255 元，由原告负担 230 元，由被告负担 25 元。

二、以案说法

本案的争议焦点是，被告孙某发表的针对双眼皮手术的负面评价，是否构成对大连某美容诊所名誉权的侵害。

（一）公民、法人享有名誉权，并依法受到保护

名誉是对民事主体的品德、声望、才能、信用等的社会评价。良好的名誉是公民或者法人参与社会生活、社会竞争的重要条件。根据《民法典》第一千零二十四条，任何组织或者个人不得以侮辱、诽谤等方式侵害他人的名誉权。本案中，大连某美容诊所作为提供医疗美容服务的民事主体，依法享有名誉权。消费者在网络平台对该诊所的消费评价，事关其名誉，事关其他潜在消费者对该诊所的印象、认知和判断，一定程度上也会影响消费者的消费决策，也会影响该诊所在同行业市场竞争中的表现。该诊所有权针对捏造、歪曲事实，或者使用侮辱性言辞等贬损自己名誉等行为，提起诉讼，主张权利。

（二）被告孙某未实际消费，却故意捏造事实作出负面评价，侵犯了诊所名誉权

《民法典》第一千一百六十五条规定，行为人因过错侵害他人民事权益造成损害的，应当承担侵权责任。本案中，孙某作为有正常认知能力的个体，在明知自己并未在大连某美容诊所接受双眼皮手术的情况下，单纯因为前期在该诊所的脱毛服务不满意，

就故意捏造双眼皮手术不成功的虚假事实，并使用部分侮辱性字眼，将上述评价通过某点评 APP 发布。孙某的上述行为，会导致消费者产生错误认识，损害消费者对该诊所的信赖，使该诊所的社会评价降低，因此构成对原告名誉权的侵害。

（三）被告孙某应承担侵犯诊所名誉权的法律责任

根据《民法典》第一百二十条的规定，民事权益受到侵害的，被侵权人有权请求侵权人承担侵权责任。该诊所要求被告孙某赔礼道歉，并在某点评 APP 有关原告的用户评论下发表道歉声明的诉讼请求，于法有据，法院予以支持。对于原告主张的公证费，系原告对侵权行为进行调查、取证支付的合理费用，依法应予支持。对于原告主张的经济损失 5.1 万元，法院认为，原告的经营损失受管理、服务水平、疫情和客户口碑等多种因素影响。某点评 APP 作为领先的本地生活信息平台及交易平台，不仅为用户提供商户信息、消费优惠等服务，而且平台上发布的消费点评对其他用户有重要的参考作用，被告发布的不实评论的确会对原告用户的流失和经营收益产生一定影响，但损失数额无法确定，因此酌定为 6000 元。

三、专家建议

根据《消费者权益保护法》第十五条的规定，消费者享有对商品和服务以及保护消费者权益工作进行监督的权利。消费者在购买商品或者接受服务后，有权如实记录、发表有关商品、服务、商家的评价。这些评价既可以是正向的、赞美性的，也可以是负向的、批评性的。最高人民法院也曾指出，消费者对生产者、经营者、销售者的产品质量或者服务质量进行批评、评论，不应当认定为侵害他人名誉权。尊重消费者如实评价的权利，特别是尊重消费者给出差评的权利，立法和制度设置的本意在于鼓励消费者善用自己的消费监督权，说出真实的消费体验，倒逼经营者不断提升商品和服务质量。只有在消费者的评价存在故意诋毁、诽谤、捏造事实，损害商家名誉的情况下，才可能构成对商家名誉权的侵害。但是权利的行使是有限度的，民事主体不得滥用民事权利损害国家利益、社会公共利益或者他人合法权益，是《民法典》规定的基本原则。从本案孙某被判承担侵犯名誉权的案件事实来看，消费者在给出差评时，要基于真实的消费记录，并注意评论的言辞限度，做到有礼有节，而非侮辱谩骂；有理有据，而非虚构捏造，才是消费者行使监督权的正确"姿势"。

四、关联法条

《民法典》第一百二十条、第一千零二十四条、第一千一百六十五条；《消费者权益保护法》第十五条；《消费者权益保护法实施条例》第二十六条。

直播间的对比实验是否构成商业诋毁

网络直播是一种基于互联网技术，借助信息接收平台和设备终端，以真人或虚拟形象即时活动画面和语音信息为形态，实现传受即时互动的新型信息传播方式。直播技术的发展为直播卖货奠定了技术基础，直播卖货不仅满足消费者足不出户的商品信息获取和购物需求，也为许多实体商家开拓了全新的销售途径。但是，由于直播的即时性、传播对象的不明确性和传播范围的不可控性，直播卖货的相关法律法规还不完善，许多违规行为难以界定，主播的素质参差不齐，常常因为主播的"口无遮拦"而导致品牌方的"祸从天降"事件。

一、案例简介

（一）基本案情

2020年11月2日，某知名网红朱某在直播中推销A品牌拉拉裤时，与B品牌纸尿裤直接对比，声称B品牌纸尿裤"就是不好"。基于此，原告B公司认为，朱某从事直播业务，利用其头部主播的身份和网络影响力，在没有任何依据的情况下声称B品牌纸尿裤"就是不好"，影射B品牌产品"渗透性很差的，吸水真的很不好用"，属于编造、传播虚假、误导性信息，严重损害原告的商品声誉以及商业信誉，该行为构成商业诋毁。为此，B公司向上海市杨浦区人民法院提起诉讼，主张朱某及其所属直播运营公司应立即删除含有诋毁原告商品声誉、商业信誉内容的直播视频；在直播中，以口播及文字形式向原告道歉并消除影响；赔偿原告经济损失 100 万元（包括原告因制止不正当竞争行为支出的公证费、差旅费、律师费等合理费用）。[①]

（二）法院裁决

上海杨浦法院经审理认为，朱某作为直播人员，在对 A 品牌商品直播推介过程中，发表针对 B 品牌的言论可以被受众引申理解为 B 品牌在质量、品质、体验等方面存在不足。该言论系对竞争者产品做出误导性评论，构成商业诋毁。杭州乙电子商务公司作为直播活动的运营者，对其主播的商业诋毁行为承担责任。杭州甲网络科技公司作为该账号的注册者，应知晓直播活动存在对他人造成损害的风险，但其仍将直播账号交他人使用，故应对杭州乙电子商务公司承担连带责任。遂判决被告朱某和杭州乙电子商务公司刊登声明、消除影响，赔偿原告 B 公司损失及合理费用共计 20 万元。

二、以案说法

本案的争议焦点为：一是当事人之间是否存在竞争关系；二是被告是否实施了商业诋毁、虚假宣传的不正当竞争行为；三是若被告实施了不正当竞争行为，索赔 100 万元是否合理。

（一）竞争关系的认定

《反不正当竞争法》的立法目的在于维护合法有序的市场竞争秩序，鼓励和保护公平竞争，制止不正当竞争行为，保护经营者和消费者的合法权益。法律中的经营者，一般指具有相同或类似

[①] 详可参见上海市杨浦区法院民事判决书（2021）沪 0110 民初 11719 号。

经营内容，直接或间接存在市场竞争关系，从事商品生产、经营或者提供服务的自然人、法人或非法人组织。本案中，朱某作为主播，为 A 品牌卖货，负责线上推销、售卖纸尿裤产品，有一定的售卖指标与任务，需要引导消费者进行消费。根据《反不正当竞争法》，与原告 B 公司所经营的 B 品牌构成竞争关系，因此可认定原告 B 公司与被告朱某为竞争者。

（二）商业诋毁、虚假宣传的认定

1. 商业诋毁的认定

商业诋毁是指经营者自己或利用他人，通过捏造、散布虚假事实等不正当手段，对竞争对手的商业信誉、商业声誉进行恶意贬低或损毁，以削弱其市场竞争力并从中获取经济利益的行为。《反不正当竞争法》第十一条规定，经营者不得编造、传播虚假信息或误导性信息，损害竞争对手的商业信誉和声誉。该规定要求经营者在经营活动中，应诚信经营，不得实施扰乱市场竞争秩序、损害其他经营者或者消费者合法权益的行为。朱某直播账号的直播人员作为对婴儿纸尿裤进行直播的推荐人，在进行有关商业活动中，言论提及"便宜不是唯一标准"以及"比过其他的尿布""渗透性很差"，容易导致观众在当时语境下，形成 B 品牌品质不好的结论。根据《反不正当竞争法》的规定，被告朱某相关言论具有极强的误导性，构成商业诋毁。

2. 虚假宣传的认定

《反不正当竞争法》规定，经营者不得对其商品的性能、功能、质量、销售状况、曾获荣誉等作虚假或者引人误解的商业宣传，欺骗、误导消费者。构成虚假宣传的不正当竞争行为，应以经营者宣传的信息虚假或引人误解为前提。朱某在带货直播过程中，在玻璃杯中倒入热水，并将尿布覆盖于杯口之上，随后在尿布上方倒扣一个透明玻璃杯，其后上方玻璃杯内显示有雾气。该行为通过简易实验方式展示有关商品的透气性，其严谨性、科学性达不到国家权威检测机构的透气性检测程度。根据《反不正当竞争法》的规定，该方式不足以构成对消费者宣传虚假或误导性信息，不构成虚假宣传。

（三）索赔 100 万元是否合理

原告 B 公司认为，朱某每晚直播的受众超过 1000 万次，直播间粉丝数超过 3000 万，且事件发生时正处于"双十一"活动期间，直播间观看人数抵达顶峰，朱某这一商业诋毁行为影响巨大。故原告 B 公司向被告朱某索赔 100 万元。然而被告朱某除了收取 A 品牌的坑位费后，尚未就其侵权行为获取其他利益，且原告并未举证证明其因侵权行为而受到的经济损失。因此，索赔 100 万元不予支持。赔偿金额应综合考虑原告及其商品知名度、涉案言论发表场合、直播观看人数、相关言论影响范围、涉案直播视频存在的时间、被告的过错程度等因素，赔偿应依法予以酌定。

三、专家建议

从外部环境的角度，监管层要细化法律适用情形，为相关争议解决提供可操作的保障措施。从利益相关者的角度，平台要加强审核，不能单纯使用大数据模型智能审核和关键词筛选，同时要加强人员识别的机制和标准化管理。从内部人员的角度，要加强主播的知识储备、增强法律意识、提升传播效能，减少违规侵权行为的发生。社会公众作为直播受众和潜在消费者，也需要提升媒介素养，在提升信息的筛选力和消费鉴别力的同时，强化自身法律意识，面对有悖社会公序良俗和知识水平储备匮乏的主播说"不"。

四、关联法条

《反不正当竞争法》第十一条、第十七条;《最高人民法院关于适用若干问题的解释》第二十三条。

网售假药是否构成犯罪

近年来，我国互联网经济不断发展，以直播经济为代表的新形式销售方式尤其引人注目。直播这种方式拉近了买卖双方的距离，消除了许多无形的消费壁垒，不仅给消费者带来了更具性价比的产品，也为卖家打开了更广阔的空间。各方数据都显示，电商直播对消费巨大的刺激作用。面对蓬勃发展的新事物，如何有效治理并保障市场经济秩序，需要厘清市场参与者的权责关系，明确电商直播中网红主播的"荐证人"身份，在不同营销模式中造成的侵权行为平台、厂家、网红如何承担按份责任。

一、案例简介

（一）基本案情

A 公司演员赵某于 2016 年 3 月至 10 月间，伙同被告人郭某、王某及其丈夫谷某（二人均已判刑），在未经取得药品生产、销售许可的情况下，于本市东城区前门东路小江胡同 ×× 号 A 公司员工宿舍等地，由赵某、郭某、王某通过直播、微信等网络平台宣传"纯中药减肥胶囊"，称该减肥药为老中医独门配方、纯中药、无副作用；郭某、王某、谷某等对该胶囊进行装瓶、封袋，自制说明书，并使用微信与购买者联系，通过微信、支付宝收款，联系 ×× 速运向全国多省市地区的购买者邮寄发货。其中，王某、谷某销售金额共计约人民币 110 余万元，郭某销售金额人民币

18900 元，另从王某、谷某的住处查获"纯中药减肥胶囊"40 余瓶。经北京市东城区食品药品监督管理局认定，涉案的"纯中药减肥胶囊"应依法按假药论处。被告人赵某及郭某分别于 2018 年 2 月 7 日、8 日被民警抓获到案。[①]

（二）法院裁决

2018 年 12 月 28 日，北京市东城区人民法院对此案件进行判决。被告人赵某犯生产、销售假药罪，判处有期徒刑 3 年，并处罚金人民币 50 万元。被告人郭某犯生产、销售假药罪，判处有期徒刑 1 年，并处罚金人民币 10 万元。继续追缴被告人赵某非法所得人民币 10 万元、被告人郭某非法所得人民币 4000 元，予以没收。未随案移送的扣押物品由扣押机关依法处理。

二、以案说法

本案争议的焦点为：一是当事人是否构成了生产、销售假药罪；二是虚假制作、销售药品类案件中涉案金额和处罚判定的关系。

（一）生产、销售假药罪名的认定

在《最高人民法院、最高人民检察院关于办理危害药品安全刑事案件适用法律若干问题的解释》中，根据《刑法》《刑事诉讼法》《药品管理法》等有关规定，就办理此类刑事案件适用法律的若干问题解释如下：以生产、销售、提供假药、劣药为目的，合成、精制、提取、储存、加工炮制药品原料，或者在将药品原料、辅料、包装材料制成成品过程中，进行配料、混合、制剂、储存、包装的，应当认定为《刑法》第一百四十一条、第一百四十二条

---

① 详可参见北京市东城区人民法院民事判决书（2018）京 0101 刑初 563 号。

规定的"生产"。本案中，赵某等人在未取得销售许可的情况下，擅自违法生产假药并通过网络直播进行销售，带有强烈的目的性，符合《刑法》第一百四十一条中的关于"生产、销售假药"罪名的认定。

（二）虚假制作、销售药品类案件中涉案金额和处罚判定的关系

最高人民法院、最高人民检察院联合发布《关于办理危害药品安全刑事案件适用法律若干问题的解释》指出，生产、销售、提供假药的金额20万元以上不满50万元的，属于"其他严重情节"；生产、销售、提供假药的金额50万元以上的，属于"其他特别严重情节"。对于犯生产、销售、提供假药罪，生产、销售、提供劣药罪，妨害药品管理罪的，应当结合被告人的犯罪数额、违法所得，综合考虑被告人缴纳罚金的能力，依法判处罚金。罚金一般应当在生产、销售、提供的药品金额二倍以上；共同犯罪的，对各共同犯罪人合计判处的罚金一般应当在生产、销售、提供的药品金额二倍以上。本案中，赵某、王某、郭某累计销售金额100多万元，已经构成了刑法中的"其他严重情节"，应当予以从重处罚。

三、专家建议

在直播间里，作为商品生产者和制造者的主播承担的责任远大于经销商，更远大于推荐人。在此案件中，被告人身份将生产者、制造者、经销商、推荐人多重合一，处罚时依据其承担责任比例最大的一种身份即生产者和制造者。从合理行政来看，行政主体对于电商直播主体个人的监管应该采取当事人权益损害最小原则。同时，要区别对待店铺直播和网红个体直播行为。在店铺直播的模式下，由于网店是唯一的经营主体，主播的带货活动属于职务行为，因此直播平台审核并公示网店的经营资质即可。在网红个人直播的模式下，通常网红达人以其个人名义注册账户、与网店签订协议，此时直播平台只需要审核达人个人身份信息，并进行相应公示，而无须要求网红提交营业执照。

四、关联法条

《刑法》第一百四十一条、第二十五条第一款、第二十七条、第五十二条、第五十三条、第六十四条；《关于办理危害药品安全刑事案件适用法律若干问题的解释》第四条第（六）项、第六条第一款第（三）项、第十二条。

电商平台上的虚假宣传谁来承担责任

随着人们生活水平的提高，保健和美容成为当今社会备受关注的日常焦点。众多垂直电商平台纷纷进行店铺升级、调整产品品类，开设线上云店，打造"O+O"模式。那么，在企业自有平台上进行夸张或者虚假的产品功能宣传是否需要承担法律责任呢？2023年8月25日，上海A公司因虚假广告宣传普通化妆品具有美白功效和普通食品具有保健功能，被上海市杨浦区市场监督管理局罚款8万元。

一、案例简介

（一）基本案情

自2022年9月起，上海A公司在电商平台上销售"A品牌烟酰胺保湿水"，由公司市场部在销售页面上制作并发布了虚假宣传该国产非特殊用化妆品含有"美白"等功效的虚假广告，A公司于2023年2月下架该产品，违法经营期间销售数量6瓶，销售额为294元，广告费用无法计算。A公司于2021年12月17日在电商平台上销售"ISDG232爽快酵素饮品（固体饮料）2克×7支"，由公司市场部在销售页面上制作并发布了虚假宣传该普通食品有"改善肠道功能"等保健功能的虚假广告。A公司于2023年5月下架该产品，无销售金额。①

（二）行政处罚

A 公司在网络电商平台从事化妆品销售活动，在销售页面上自行发布国产非特殊用化妆品宣传有特殊"美白"等特殊功效的虚假广告的行为违反了《广告法》第四条以及第二十八条第二款第（四）项之规定。依据《广告法》第五十五条第一款及《行政处罚法》第三十二条第（一）项的规定，上海市杨浦区市场监督管理局于 2023 年 8 月 25 日作出行政处罚决定，责令 A 公司停止发布上述违法广告，在相应范围内消除影响，减轻行政处罚罚款人民币 4 万元整。

A 公司在网络电商平台发布普通食品有保健功能的广告行为违反了《食品安全法实施条例》第三十八条和《广告法》第九条第（十一）项的规定。依据《广告法》第五十七条第（一）项的规定和《行政处罚法》第三十二条第（一）项的规定，上海市杨浦区市场监督管理局责令 A 公司停止发布上述违法广告，减轻行政处罚罚款人民币 4 万元整。

二、以案说法

本案争议的焦点为：一是企业是否构成了虚假广告宣传；二是保健食品与一般食品的区别。

（一）虚假广告宣传

依据《化妆品监督管理条例》（国务院令第 727 号）的规定，化妆品分为特殊化妆品和普通化妆品，其中用于染发、烫发、祛斑美白、防晒、防脱发的化妆品以及宣称新功效的化妆品为特殊

---

① 详可参见上海市杨浦区市场监督管理局行政处罚决定书（沪市监杨处〔2023〕102023000978 号）。

化妆品,特殊化妆品以外的化妆品为普通化妆品,普通化妆品不得宣称特殊化妆品相关功效。在此次案件中,"A品牌烟酰胺保湿水"不属于特殊化妆品,而是普通化妆品,不得宣传具有"美白"的特殊功效,A公司的行为显然违反了禁令,构成虚假广告宣传行为。

(二)保健食品与一般食品的区别

保健功能属于保健食品所具有的功能,但限于指定人群,普通食品并不具备保健功能。在此次案件中,A公司的产品宣传了只有保健食品才能宣传的"改善肠道"的功能,违反了《广告法》及《食品安全法实施条例》针对保健食品才能宣传保健功能的规定,属于虚假广告宣传行为。

三、专家建议

此案件中,为何同一垂直平台在线上、线下都有店铺的情况下屡屡被罚,究其原因在于企业需要提高法律意识、执法者需要严肃执行管理措施,不能简单以罚代管。罚款后针对同一问题需要限时整改,尽快建立企业信誉积分制度。

四、关联法条

《广告法》第四条、第九条、第二十八条、第五十五条、第五十七条;《食品安全法实施条例》第三十八条;《行政处罚法》第三十二条。

品牌直播中混淆食品与保健食品的责任后果

随着网络直播的发展，品牌直播已经成为了重要的营销方式之一。部分品牌在进行网络直播活动的过程中，有意或无意地混淆产品概念，对消费者权益造成了损害。

一、案例简介

（一）基本案情

2021 年 7 月 21 日，为了提高产品销量、提升产品知名度，A公司在平台网店"自营官方旗舰店"直播间开展了"超闪 CP"直播活动，对婴幼儿配方乳粉进行宣传推广。此次"超闪 CP"直播活动系 A 公司委托广告公司具体开展，直播活动方案策划、宣传脚本制作由当事人提供素材，广告公司初步撰写后交由当事人审定同意后实施。直播活动中主播对产品"A 品牌儿童配方调制乳粉4 段"介绍宣传时宣称产品"能够激发这个身高的一个潜能"；对产品"A 品牌纯净幼儿配方奶粉 3 段"介绍宣传时宣称产品"减少这样便秘的一个情况，减少拉肚子的情况"。市监管部门认为，上述两款产品均非保健食品，但其在广告中宣称的"改善生长发育"和"通便"属于保健食品的功能。经市场监管部门调查，上述"超闪 CP"直播活动费用为 232246 元，A 公司尚未支付。事后依据上述情况，中国（上海）自由贸易试验区市场监督管理局 2022

年 8 月 24 日对 A 公司做出处罚，责令 A 公司立即进行改正。①

（二）行政处罚

2022 年 8 月 24 日，中国（上海）自由贸易试验区市场监督管理局综合考量当事人违法行为的情节和危害后果，依据《广告法》第五十七条第（一）项的规定，认定当事人的行为属于发布有本法第九条、第十条规定的禁止情形的广告。因此，市场监督管理局最终决定责令本案当事人立即停止发布违法广告，并给予从轻处罚，罚款金额为 20 万元整。

二、以案说法

本案争议的焦点为：食品与保健食品的界分。

根据《食品安全法》的规定，食品是指各种供人食用或者饮用的成品和原料以及按照传统既是食品又是中药材的物品，但是不包括以治疗为目的的物品。农产品，按照《农产品质量安全法》的规定，是指来源于种植业、林业、畜牧业和渔业等的初级产品，即在农业活动中获得的植物、动物、微生物及其产品。食用农产品，按照《商务部、财政部、国家税务总局关于开展农产品连锁经营试点的通知》的规定，是指可供食用的各种植物、畜牧、渔业产品及其初级加工产品。而保健品是保健食品的通俗说法。根据《保健（功能）食品通用标准》的定义为：保健（功能）食品是食品的一个种类，具有一般食品的共性，能调节人体的机能，适用于特定人群食用，但不以治疗疾病为目的。在产品的宣传上，不能出现有效率、成功率等相关的词语。保健食品的保健作用在当今的社会中，也正在逐步被广大群众所接受。

---

① 详可参见中国（上海）自由贸易试验区市场监督管理局行政处罚决定书（沪市监自贸处〔2022〕152021005936 号）。

Ａ品牌方在直播过程中宣称其产品具有"改善生长发育"和"通便"的功能，此类功能均属于食品的保健功能，而奶粉是畜牧业下的初级加工产品，属于食品范畴。可见直播过程中，主播混淆了品牌方奶粉的食品和保健品的概念，违反了《广告法》。

三、专家建议

对于在直播间混淆食品与保健品的营销套路，相关责任主体必须加大力度整治。直播平台应承担起对主播的管理责任，严格审核主播以及直播间或相关经营者的食品经营资质、保健食品经营资质，通过"大数据监控＋人工筛查"的方式加强对主播营销行为的监督，发现主播有使用普通食品或保健食品的宣传禁语，或有其他虚假、夸大宣传的行为，要及时采取停播下架等措施，并向监管部门报告。当然，消费者也应在购买相关食品或保健食品时多一分理性，不要盲目轻信平台和主播的推广，不要盲目下单。认清普通食品、保健食品和药品的功能区别，才能少被忽悠。

四、关联法条

《食品安全法实施条例》第三十八条;《广告法》第九条、第五十七条;《行政处罚法》第七十二条。

二、餐饮消费纠纷

强制"扫码点餐"，消费者可以说"不"

如今，"扫码点餐"已经成为餐饮消费场景的新常态，消费者只需扫描餐桌上的二维码即可实现自助点餐、下单、结账。这种新型点餐方式确实有助于提高餐馆的运营效率，甚至还可以通过引导消费者关注店铺微信公众号，来获取私域流量。因此，越来越多餐饮商家不再提供纸质菜单，而是仅提供"扫码下单"这种唯一的点餐方式。这种看似更便捷、更适应数字生活时代消费需求的点餐方式，往往以调取消费者的手机号码、微信昵称等个人信息作为提供点餐服务的前提。面临这样的场景，消费者是否有权拒绝，能否要求提供纸质菜单等替代选项？餐饮商家在提供点餐服务时，如何才能更好地合规经营？这些命题都值得认真对待和深入探讨。

一、案例简介

（一）基本案情

消费者罗某到四川省德阳市某火锅店就餐。火锅店服务员告知其必须关注火锅店的微信公众号后才能点餐，否则无法提供服务。罗某要求服务员提供纸质菜单，遭到拒绝。为帮助罗某点餐，服务员未经同意，便使用其手机关注了该店的微信公众号，并操作下单。进入火锅店微信公众号主页，页面显示公众号申请获得罗某的微信头像、昵称、地区、性别等几项信息。虽然页面上提供了"拒绝""允许"两个选项，但只有点击"允许"后才能继续下单，否则无法点餐。罗某认为，该火锅店的行为侵害了其本人的个人信息，故诉至法院，要求火锅店删除其不当获取的个人信息，赔礼道歉，并承担诉讼费用 200 元。①

（二）法院裁决

法院认为，德阳市某火锅店要求现场就餐的消费者必须通过关注火锅店微信公众号后再扫码点餐，同时拒绝提供纸质点餐方式的做法，涉嫌侵害消费者的公平交易权。消费者到餐厅就餐，并无必要提供手机号、生日、姓名、地理位置、通讯录等与餐饮消费无关的信息。通常情况下，如果仅提取微信头像、昵称、地区和性别信息，除非是与原告有特定关系的单位或者个人，否则通常无法仅凭这些信息的组合识别出特定自然人。此时，这些信息不是法律所保护的个人信息。但是，本案中，罗某在火锅店就餐，用微信扫码，罗某是已知的既定个人，通过提取上述信息后，这些信息与特定的个人关联起来，可以用于给定个人既有的人格图像，使他人知晓更多关于该个人的情况。在这种情况下，上述信息就属于应受法律保护的个人信息的范畴。法院认定，该火锅店未经消费者罗某同意，不当搜集、存储其个人信息，侵犯了罗某的权利，应立即停止侵权，并在判决生效之日起 10 日内删除罗某的个人信息，并承担本案的诉讼费用 200 元。同时，火锅店服务员虽然是在未经罗某同意的情况下，用罗某手机扫码点餐，但上述行为系出于善意，故罗某要求赔礼道歉的诉请不予支持。

一审法院判决作出后，各方均未提起上诉，一审法院判决生效。

---

① 详可参见四川省德阳市旌阳区（2021）川 0603 民初 6394 号。

二、以案说法

本案争议焦点是餐厅要求扫码点餐，提取了原告的微信头像、昵称、地区和性别信息，是否属于法律规定的个人信息。

（一）"可识别性"是个人信息的核心特征

个人信息，是指与特定自然人有关的信息。我国《民法典》第一千零三十四条规定："自然人的个人信息受法律保护。个人信息是以电子或者其他方式记录的能够单独或者与其他信息结合识别特定自然人的各种信息，包括自然人的姓名、出生日期、身份证件号码、生物识别信息、住址、电话号码、电子邮箱、健康信息、行踪信息等。"《个人信息保护法》第四条规定："个人信息是以电子或者其他方式记录的与已识别或者可识别的自然人有关的各种信息，不包括匿名化处理后的信息。"

根据上述规定，个人信息的核心特征可以总结为"可识别性"。可识别性又分为两类：一类是直接识别，即凭借某信息本身就能单独识别特定的自然人。比如，中国公民身份证号是唯一的，通过身份证号可以直接识别特定的自然人；通过自然人的照片，通常情况下也可以直接识别特定的自然人。另一类是关联识别或者间接识别，即单凭某信息本身无法识别出特定的自然人，需要将该信息与其他信息结合，来识别特定的自然人。比如，网页浏览痕迹信息与 IP 地址信息结合起来，就可以很容易地识别出特定的自然人。

相反，如果某些信息根本不具备"可识别性"，无法识别出特定的自然人，对于这些信息的收集、存储、使用等就不会对特定自然人的民事权益造成损害，就无须纳入到个人信息保护的范畴。比如，随机调查统计中，仅披露被调查人数、性别、年龄分布等内容，就属于不具备"可识别性"的信息。

（二）处理个人信息必须遵循"告知同意""最小必要"等基本要求

个人信息是自然人非常重要的民事权益，防止因个人信息的不当处理，对自然人的人身财产权益、人格尊严和自由造成损害，需要信息处理者遵循法定要求。"处理个人信息"包括了信息的采集、存储、使用、发布、共享等各种形式。《民法典》和《个人信息保护法》均明确规定，处理个人信息要遵循合法、正当、必要等基本原则，要遵循"告知同意"的基本规则，且不得过度处理个人信息。"告知同意"规则是指除法律、行政法规另有规定外，任何组织或个人在处理特定自然人的个人信息时，都应该告知并取得该自然人或其监护人的同意。不得过度处理个人信息，主要是指在处理个人信息时，要遵循"最小必要"原则，不能过度处理与处理目的无关的个人信息。

本案中，被告德阳市某火锅店在未取得原告罗某同意的情况下，就通过强制要求其关注微信公众号点餐的方式，提取了罗某的个人信息，且上述信息并非消费者点餐所必须收集的信息，违反了《民法典》和《个人信息保护法》有关个人信息保护的相关要求。

（三）"微信昵称"等信息属于可以关联识别的信息范畴

本案中，火锅店提取了罗某的微信昵称、头像、地区和性别等信息。单纯依靠这些信息，通常无法识别出特定自然人。但是，罗某在火锅店就餐，用微信扫码点餐，罗某本身已经属于已知的既定个人。既定个人，与火锅店提取的"微信昵称"等信息相互关联，就可以丰富该既定个人的人格图像，使他人知晓该特定自然人更多的信息。因此，上述信息因这种关联性，具备了应受法律保护的个人信息的特征。

（四）强制"扫码点餐"还涉嫌侵害消费者的自主选择权和公平交易权

我国《消费者权益保护法》规定，消费者享有自主选择商品或者服务的权利，有自主选择商品品种或者服务方式的权利。消费者在购买商品或者接受服务时，有权拒绝经营者的强制交易行为。经营者向消费者提供商品或者服务，应当恪守社会公德，诚信经营，保障消费者的合法权益；不得设定不公平、不合理的交易条件，不得强制交易。本案中，消费者罗某到火锅店就餐，有权选择扫码点餐或者纸质菜单点餐等不同的服务方式，火锅店拒绝提供纸质菜单，是对现场就餐消费者设定不公平、不合理交易条件的行为，侵害了消费者的自主选择权和公平交易权。

三、专家建议

个人信息是有关特定自然人的人身、财产等各类权益的载体，其中不乏手机号码、身份证件号码、个人生物识别信息、银行账户、通信记录、交易信息等敏感个人信息。确保个人信息不被过度收集、滥用，是保护个人生活安宁、隐私安全、人身和财产安全的重要基础。消费者在购买商品或接受服务时，要特别注意商家对个人信息索取是否合法、正当和必要，对于商家过度索取个人手机号、微信号等敏感信息，无正当事由要求录入指纹、采集肖像、录制声纹等行为，要敢于说"不"。发现有侵害个人信息保护、排除或者限制消费者合法权益等违法行为的，还可以依法向市场监管、国家网信部门等部门投诉举报。

经营者要合理平衡提升经营效率、获取私域流量等商业诉求与依法保护消费者个人信息安全，保障消费者自主选择权、公平交易权等合规要求之间的关系，主动合规经营。

四、关联法条

《民法典》第九百九十五条、第一千零三十四条;《个人信息保护法》第二条。

餐厅提供的"消毒餐具"竟致幼儿
食管受伤，究竟为哪般

外出就餐已经成为消费者日常饮食方式，也是人们社会交际、增进感情的重要场景。如今，越来越多的餐厅为消费者提供消毒餐具，而这些消毒餐具又往往由第三方消毒公司提供。一旦出现不规范消毒等情况，极有可能给消费者带来意外伤害。本案中，一名幼儿在使用餐厅提供的消毒餐具时，竟因为残留的消毒剂导致食管严重受伤。偶发事件的背后其实是风险社会的缩影，需要引起我们高度重视。

一、案例简介

（一）案情简介

2017年7月，武甲与不满两周岁的小武及其他家人，在刘某经营的"清水湾美食城"饭店用餐。用餐前，武甲打开餐桌上的消毒餐具，其中一餐具中有部分液体，小武饮用后当场大哭并呕吐，随即被送往宿州市某医院治疗，后转至徐州市某医院多次住院治疗，累计住院治疗20次58天。先后诊断为：急性中毒；消化道腐蚀伤，造成食管严重狭窄，多次行狭窄食管扩张术。经查明，不明液体是消毒餐具时残留的"去渣粉"，属强碱性腐蚀物。正是该液体导致小武食管受伤。上述餐具由宿州市某餐消公司提供。后经安徽省某医院司法鉴定所鉴定，小武食管腐蚀伤、遗留食管狭窄，影响吞咽功能，构成九级伤残。小武向法院起诉，请求被告刘某、宿州市某餐消公司赔偿各项损失 26 万余元，并承担本案诉讼费用。后申请撤回对宿州市某餐消公司的起诉。[①]

（二）法院裁决

1. 一审判决

小武和父母在刘某经营的饭店就餐，双方形成餐饮服务合同关系。该饭店未能提供安全、清洁的餐具致使小武遭受伤害，具有过错，对小武构成人身侵权，应当承担侵权赔偿责任。因该饭店已被注销，该责任应由原经营者刘某个人承担。小武要求赔偿其医疗费和伤残赔偿金等费用的请求成立，但部分数额要求过高，对于高出法律规定的部分，不予支持。扣除刘某、宿州市某餐消公司前期已支付的费用，判决刘某继续支付医疗费、住院期间伙食补助费、营养费、误工费、护理费、伤残赔偿金、精神抚慰金、交通费、住宿费等合计 20 余万元。

2. 二审判决

二审法院认为，一审法院认定事实清楚，适用法律正确。除 1000 元交通费未扣除外，一审其余各项损失计算正确，予以确认。对一审判决予以变更判决如下：刘某在本判决生效之日起 10 日内向小武的法定代理人武甲支付人身损害赔偿款 201138.15 元；驳回小武的其他诉讼请求。一审案件受理费按一审判决执行，二审案件受理费 4634 元，由刘某负担。

二、以案说法

本案的争议焦点主要是：一是刘某是否是本案适格的被告主

---

① 详可参见安徽省宿州市中级人民法院（2020）皖 13 民终 4178 号。

体以及应否承担赔偿责任；二是小武的父母作为监管人，是否存在监管不力的过错；三是宿州市某餐消公司应否承担责任。

（一）刘某作为饭店实际经营者应当承担赔偿责任

小武及其父母在被告刘某经营的饭店就餐，双方形成餐饮服务合同关系。刘某应向小武及其父母提供安全的食品和餐饮具。根据《食品安全法》第五十六条第二款，"餐饮服务提供者应当按照要求对餐具、饮具进行清洗消毒，不得使用未经清洗消毒的餐具、饮具；餐饮服务提供者委托清洗消毒餐具、饮具的，应当委托符合本法规定条件的餐具、饮具集中消毒服务单位。"小武在接受餐饮服务过程中，因被告刘某经营的饭店未能提供安全、清洁的餐具致使，导致其遭受伤害，具有过错，因此对小武构成人身侵权，应当承担赔偿责任。刘某辩称，小武是在"美食城"饭店用餐，应以"美食城"为被告，不应列刘某个人为被告。法院认为，"美食城"是个体工商户登记的字号，实际经营者及最终责任承担主体均是刘某。小武受伤后，刘某与小武父母达成的协议书上，刘某亦签字确认，自愿承担责任，故刘某系本案适格主体，应当承担侵权赔偿责任。

（二）小武父母不存在看护不力的过错

刘某认为小武的父母未尽到照看、监护的义务，具有一定的过错，应当减轻被告的赔偿责任。法院认为，在通常情况下，消费者当然信任餐饮服务提供者会提供安全、清洁的餐具，即使发现餐具中有液体，多数情况下会认为是正常的饮用水，不会意识到是强腐蚀性的消毒剂。小武作为幼儿，在就餐过程中由家长陪同使用餐具，也属常理。刘某认为小武父母看护不力，应当减轻其赔偿责任的辩解，超出了正常就餐消费者应具备的注意义务，不能成立。

（三）宿州市某餐消公司的责任可以另案解决

刘某认为，导致小武受伤的直接原因是误食了密封餐具中残留的强碱性物质。该餐具由宿州市某餐消公司负责清洗并包装，所以赔偿责任应由宿州市某餐消公司承担。法院认为，小武及其法定代理人撤回对宿州市某餐消公司起诉是对自身权利的处分，撤回起诉并不影响刘某作为餐饮服务合同相对方，所应当承担的赔偿责任。刘某和宿州市某餐消公司之间属于其他服务合同纠纷，刘某在赔偿小武的损失后可另行诉讼解决。

三、专家建议

外出就餐是消费者日常饮食方式之一。许多餐厅基于提升服务品质、提高经营效率、降低人力成本等因素考虑，会选择由第三方消毒公司来提供餐饮具的清洁消毒服务。本案中，因为第三方消毒公司的不规范操作，已消毒完、包装好的餐饮具中竟然残留了强腐蚀性的消毒剂，最终导致幼儿误饮后受到严重伤害。虽然本案是不可预期的意外导致的，但是也提醒消费者在外出就餐时，要更加注意自己和家人的人身安全。在使用餐厅提供的餐饮具前，应做好必要的检查工作，发现不明物质的，应及时进行二次清洗，或者要求餐厅服务人员及时更换新的餐饮具。就餐时，要注意索要、保留好点餐小票、支付记录、餐饮费收据或发票等消费凭证，一旦发生纠纷，方便后续的举证。

餐厅经营者要选择资质合规、商业信誉良好的第三方作为供应商。日常经营过程中，要做好餐厅餐饮具的必要检查、验视工作。消费者用餐前，服务人员也可做必要的安全提示。

四、关联法条

《食品安全法》第五十六条第二款;《民法典》第一千一百七十九条。

吃烤肉竟引发急性肠胃炎，损失谁来承担

和朋友、家人开开心心外出就餐，吃完后却出现呕吐、腹泻等症状，不得不入院就医，不仅身体健康受到损害，还损失金钱、耽误工作和影响心情。出现了这样的情况，餐饮商家又以消费者没有证据证明身体不适与就餐有关联为由，不愿承担赔偿责任。此类案件属于餐饮消费中的常见纠纷，且看法院如何定分止争。

一、案例简介

（一）案情简介

2022 年 3 月 29 日晚，张某等七人在某烤肉店就餐，当晚 21 时 30 分，张某等人结束用餐，并支付餐费 383 元。王某、张某、郑某等人陈述，分别在就餐当晚、次日凌晨出现不适症状。上述几人于 30 日下午到医院就诊，诊断为急性肠胃炎，并进行输液治疗，累计花费 1748.27 元。张某等人就诊后，就赔偿事宜与烤肉店协商处理未果，诉至法院，请求：判令某烤肉店赔偿原告医疗费、营养费、误工费 3179.27 元；向原告赔礼道歉并删除在某平台发布的短视频；承担本案诉讼费用。该烤肉店辩称，食品进货渠道正规，未发现食品有劣质情况；原告提供的证据不足以证明急性胃肠炎系在被告处就餐所致，请求驳回原告诉请。①

---

① 详可参见江苏省淮安市中级人民法院（2022）苏 08 民终 3283 号。

（二）法院裁决

1. 一审法院

一审法院认为，侵害他人造成人身损害的，应当赔偿相关合理费用。本案中，张某等人在某烤肉店就餐，餐后出现腹泻腹痛等症状，经医院诊断为急性胃肠炎。该烤肉店应当对张某等人的实际损害承担赔偿责任。张某等人要求该烤肉店对擅自在某平台发布对其造成影响的短视频，应赔礼道歉并删除短视频的主张，判决作出前，被告已删除短视频，且视频内容并无明显诋毁原告张某等人声誉的内容，未造成严重损害后果，故对赔礼道歉的诉请，不予支持。综上，法院判决被告某烤肉店于判决生效3日内给付原告张某等人医疗费等损失赔偿共计2518.27元，驳回原告张某等人其他诉讼请求。案件受理费50元，减半收取25元，由某烤肉店负担。

2. 二审法院

某烤肉店对一审判决不服，提起上诉。二审法院认为，一审法院综合考量事发经过，认定张某等人的胃肠炎与就餐存在因果关系符合常理。烤肉店的上诉请求不能成立，应予驳回。一审判决正确，应予维持。故判决驳回上诉，维持原判。

二、以案说法

本案的争议焦点是张某等人所患的胃肠炎是否是因在某烤肉店就餐所致。

（一）保障消费者的食品安全，是餐饮服务提供者的基本义务

《食品安全法》第一百五十条对食品安全的描述是："食品无毒、无害，符合应当有的营养要求，对人体健康不造成任何急性、亚急性或者慢性危害。"其中，急性危害最典型的特征就是在就

餐、饮食后的较短时间内，出现恶心、呕吐、腹泻、腹痛、发烧等症状。比如，食用了被金黄色葡萄球菌污染的乳及乳制品、蛋及蛋制品、各类熟肉制品、冰激凌等食品，最快 1 个小时左右就会有不适症状出现。而导致此类急性危害出现的主要原因是，金黄色葡萄球菌污染了营养丰富且含水分较多的食品，食品在较高温度下（25℃以上）放置了较长时间（数小时）后，大量繁殖产生肠毒素。对于餐饮服务提供者而言，确保餐饮环节的食品安全，需要特别注意遵循餐饮服务食品安全的操作规范，烹饪食品的温度和时间应能保证食品安全。本案中，消费者在该烤肉店就餐后数小时内，就出现了身体不适症状。从常理推断来看，与食用了不安全的食品有极大因果关系。餐饮服务提供者在无法举证证明餐饮的安全性时，往往就需要承担举证不利的法律后果。

（二）因过错损害他人民事权益的，应当承担侵权责任

根据《民法典》第一千一百六十五条第一款的规定，行为人因过错侵害他人民事权益造成损害的，应当承担侵权责任。本案中，张某等人与烤肉店形成餐饮服务合同关系，烤肉店应向消费者提供安全、无毒、无害的餐食。张某等人餐后均出现腹泻、腹痛症状，并被确诊为急性胃肠炎且给予输液治疗。就诊后与烤肉店联系，烤肉店经营者亦表示可协商处理。综合考量事发经过，可以认定烤肉店未能提供安全的食品供消费者食用，由此导致消费者的人身权益损害。因此，认定烤肉店应承担侵权损害赔偿责任。

三、专家建议

消费者无论是外出就餐还是居家烹饪时，都应注意观察食材是否存在腐败变质等情况。外出就餐时，如通过观察、嗅闻、品

尝等发现食材有异常情况的，应立即停止食用，及时与餐厅协商处理。在食用需要自行烤制、煮涮的烤肉、火锅等食品时，应注意烧熟煮透。在夏秋等高温季节，则尽量避免食用生食、冷食类的食品。就餐时，要注意索要、保留好点餐小票、支付记录、餐饮费收据或发票等消费凭证，一旦发生纠纷，方便后续的举证。

餐饮服务提供者要加强店内工作人员的食品安全培训，提升规范操作意识和能力。除了从正规渠道采购食材外，也要注意店内后厨的环境卫生，以及食材的合理存储和使用。对需保鲜、保温、保冷的食材，要分类存放在合适的温度环境下。发现食材有过期、变质等情况的，要及时弃置。

四、关联法条

《食品安全法》第一百四十八条;《民法典》第一千一百七十九条。

聚餐饮酒后不慎摔成重伤，责任谁来负

邀三五朋友小聚，本是小酌怡情的好时光。不料却有人喝得酩酊大醉，以致从二楼失足摔成重伤。聚餐的组织者、餐厅、醉酒者本人，究竟谁该承担责任？

一、案例简介

（一）案情简介

2021年1月15日晚，李某与姜某等四人到某饭店二层大厅就餐、饮酒。当晚20时30分左右，姜某身体摇晃，在李某搀扶下上洗手间。21时10分左右聚餐结束，李某自行坐到大厅出口处餐桌旁看手机，两名案外人共同离开。姜某最后离席走向楼梯，随后在下楼梯时摔倒后受伤。服务员发现后，立即拨打急救电话将姜某送医抢救。诊断为：急性内开放性颅脑损伤重型等多项身体损害。姜某自行委托某司法鉴定中心进行伤残等级鉴定，结论为被鉴定人姜某此次所受损伤构成八级伤残。后双方就赔偿事宜协商未果，姜某诉至法院，诉请判令被告李某赔偿医药费、残疾赔偿金（含被抚养人生活费）、误工费、护理费、精神抚慰金总计446211.51元；判令被告某饭店赔偿医药费、残疾赔偿金（含被抚养人生活费）、误工费、护理费、精神抚慰金总计446211.51元；

本案案件受理费由二被告承担。^①

（二）法院裁决

1. 一审法院

法院认为，姜某在某饭店就餐、饮酒，并在醉酒后自行下楼梯摔倒导致受伤。作为成年人，姜某应当对自己的人身安全尽到最大的注意义务，也最清楚自身对酒精的耐受能力，完全能够预见到过量饮酒对自身的危害及醉酒后可能发生意外。故对于姜某受伤，其自身具有重大过失，应当承担主要责任。李某作为此次聚餐活动的组织者，在姜某离席后疏于对其照看，对于姜某因醉酒摔倒有疏忽大意的过失，应当对姜某的损害后果承担一定的补偿责任。某饭店虽然在姜某摔倒后及时拨打了急救电话对其进行救助，但是其服务人员在姜某摔倒前，已经注意到姜某处于醉酒状态而未尽到提示义务，对姜某的损害后果有疏忽大意的过失，也应当承担一定的补充赔偿责任。

根据《民法典》第一千一百七十二条："二人以上分别实施侵权行为造成同一损害，能够确定责任大小的，各自承担相应的责任；难以确定责任大小的，平均承担责任。"法院酌定李某应对姜某的损失承担30%的赔偿责任，某饭店对姜某的损失承担10%的赔偿责任。遂判决：判决生效之日起7日内，被告李某赔偿原告姜某313168.49元；被告某饭店赔偿原告姜某104389.5元；驳回原告姜某其他诉讼请求。案件受理费被告李某负担3571.59元、某饭店负担1190.53元。

2. 二审法院

李某对一审判决不服，提起上诉。二审法院审查后认为，李

① 详可参见北京市第二中级人民法院（2023）京02民终2630号

某作为邀约人对于受邀约人安全参加聚餐活动，应负有相应的安全注意义务。李某对姜某醉酒状态属于完全知情，而后疏于对姜某的照看，对姜某自行下楼梯摔倒受伤的损害后果存在过错。一审法院确定李某的责任比例与其过错程度基本相当，予以维持。

二、以案说法

本案的争议焦点是：一是李某及某饭店对姜某摔伤有无过错，是否应当承担赔偿责任；二是姜某单方委托鉴定机构形成的《司法鉴定意见书》能否作为判断姜某伤残等级的依据。

（一）姜某作为成年人，应对自身人身安全负主要责任

姜某作为成年人，应当对自己的人身安全尽到最大的注意义务，也最清楚自身对酒精的耐受能力，完全能够预见到过量饮酒对自身的危害及醉酒后可能发生意外。根据《民法典》第一千一百七十三条的规定，被侵权人对同一损害的发生或者扩大有过错的，可以减轻侵权人的责任。李某与其两位朋友及姜某在某饭店就餐、饮酒，姜某在醉酒后自行下楼梯摔倒导致受伤，对于受伤的损失结果，其自身具有重大过失，应当承担主要责任。

（二）李某作为聚餐组织者，应对聚餐参与人的安全负有一定注意义务

李某与姜某等在某饭店就餐、饮酒，姜某过量饮酒后身体摇晃，并在李某的搀扶下上洗手间，李某对于姜某醉酒的状态属于完全知情，而后李某疏于对姜某的照看，姜某自行下楼梯摔倒受伤，李某未尽到在姜某醉酒后的照看义务，对损害后果存在过错，应当对姜某的损害后果承担赔偿责任。

（三）某饭店作为餐饮服务提供者，应履行必要的安全保障义务

根据《民法典》第一千一百九十八条第一款，"宾馆、商场、银行、车站、机场、体育场馆、娱乐场所等经营场所、公共场所的经营者、管理者或者群众性活动的组织者，未尽到安全保障义务，造成他人损害的，应当承担侵权责任"。正常人在醉酒状态下可能出现自控力下降等情况，某饭店作为餐饮经营者，应当对醉酒顾客可能出现上述情况及因此可能导致的相关后果有一定预期。从监控视频可见，姜某就餐地点位于二楼，其酒后身体控制力下降，从体态上出现了走路摇晃、站立不稳的情况，其从起身离开座位至走到楼梯口，期间有两到三名服务员从旁经过并留意到其状态，但并未作出安全提示、帮扶或寻找同行人员对其照顾的行为表示。因此，某饭店在姜某摔倒前，已经注意到其醉酒状态而未尽到提示义务，对姜某的损害后果有疏忽大意的过失，应当承担一定的补充赔偿责任。

（四）姜某自行委托的鉴定结论，符合规范，可以作为伤残等级的依据

法院认为，当事人享有自行委托鉴定的权利。本案中，姜某自行委托的鉴定机构系《法院对外委托专业机构名册》中的在册机构，具备相应资格、资质；鉴定意见所依据的病历材料等真实可靠；鉴定意见系鉴定机构结合姜某的住院病案、影像学片及临床学检验得出，意见形成过程符合行业规范、鉴定措施、流程安排合理、所得结论性意见符合逻辑，即鉴定意见形成过程的合法性应当予以认定；审查意见与案件的其他证据无本质上的矛盾。因此，姜某单方委托鉴定形成的鉴定意见书，能够作为认定伤残等级的依据。

三、专家建议

邀请三五朋友小聚，是常见的外出就餐场景。作为聚餐的组织者，除了享受与朋友小聚的开心时光之外，也需要对聚餐参与者的人身安全负一定的注意义务。比如，不要过度劝酒，对于饮酒后的朋友作必要的照护；如有醉酒的聚餐参与者，应及时联系其家人前来照顾等，从而在意外发生时，尽量减轻、免除自身的责任。作为餐厅的经营者，负有对消费者的安全保障义务，除了做好经营场所的视频监控、防滑、防磕碰、安全警示等工作外，也需要提醒服务人员及时留意、照护醉酒的消费者，最大限度避免出现类似本案的极端伤害事件，进而为发生纠纷后证明自身尽职免责提供证据支持。聚餐参与者本人，更应作为自身人身、财产安全的第一责任人，避免过度饮酒，使自身处于失控状态，陷入容易发生危险的境地。

四、关联法条

《民法典》第一千一百七十二条、第一千一百七十三条、第一千一百九十八条。

餐饮行业"最低消费"是否违法

亲朋好友外出玩乐之余，难免要在外就餐。然而，就餐前或者就餐后听到饭店的很多附加条件，使得刚点的餐或者刚吃的饭，如鲠在喉，难以下咽。这些附加条件最常见的便是"本店最低消费666""本店不能自带酒水"等话术，饭店的此种行为违反了哪些法律的规定呢？饭店应该受到何种处罚呢？消费者应当根据何种法律来维护自己的正当权益呢？

一、案例介绍

（一）基本案情

2014年3月8日下午，廖某与朋友到广州某餐饮公司位于越秀区宾馆一楼的餐吧喝茶，期间消费了一壶"人参花茶（大）"，共计78元。在结账时，广州某餐饮公司服务员告知廖某，因没有达到最低消费额度，廖某需按照最低消费额124元支付费用，在廖某向广州某餐饮公司提出"此类最低消费限制是违法"的情况下，广州某餐饮公司服务员仍坚持向廖某收取最低消费的费用。为此，廖某向广东省广州市某区人民法院提起诉讼，声称广州某餐饮公司利用其作为经营者的优势地位，设置"最低消费"是属于经营者加重消费者责任的不公平、不合理的"霸王条款"，该行为违反了《消费者权益保护法》的相关规定，故请求法院依法判令：（1）确认被告设置最低消费的行为违法。（2）被告退回向原告多收取的 46 元。

（二）法院裁决 [①]

一审法院结合庭审中查明的事实，认定被告设定的最低消费条款属于服务合同中的格式条款，侵害了原告在消费时的自主选择权，加重了消费者责任，属强制性交易，对消费者明显不公，违背了等价有偿和平等自愿的原则，应属无效，故判决被告广州市某餐饮公司应于本判决发生法律效力之日起 3 日内退还原告廖某 46 元，驳回原告廖某其他的诉讼请求。

二、以案说法

本案中的争议焦点主要在于最低消费条款是否违反法律的规定。

（一）最低消费的定义

最低消费是指餐饮行业利用其优势地位，在向消费者提供餐饮服务中要求消费者的消费金额达其规定的数额，否则消费者就无法享受其提供的对应服务。与最低消费类似的"霸王条款"——即餐饮行业利用其优势地位，在向消费者提供餐饮服务中作出的对于消费者不公平、不合理的规定，实践之中还有很多情形，比如"禁止自带酒水""开瓶费"等情形。本案中，被告要求原告达到最低消费额的 124 元的行为，就属于设置最低消费条款的行为。

（二）最低消费可能违反的法律规定

我国现行法律没有明确禁止"最低消费"的规定，所以在本案中，法院并没有直接对设置最低消费条款的行为效力进行评价。同时，原告要求确认最低消费条款无效的诉讼请求属被告给付相

[①] 详可参见广州市越秀区人民法院民事判决书（2014）穗越法民一初字第 1318 号。

应款项的前提条件或逻辑起点，但在本案给付之诉中并不具备独立的法律意义。因此，原告将确认设置最低消费的行为违法单独作为一项诉讼请求提出来，依据不充分，也无意义，故法院未对该项请求予以支持。

《消费者权益保护法》第二十六条规定，经营者不得以格式条款的形式作出排除或者限制消费者权利、减轻或者免除经营者责任、加重消费者责任等对消费者不公平、不合理的规定，如果存在上述规定的，则条款无效。在本案中，被告设置的最低消费属于服务合同中的格式条款，侵害了原告在消费时的自主选择权，加重了消费者责任，属强制性交易，对消费者明显不公，违背了等价有偿和平等自愿的原则，应属无效。所以被告多收取的46元最低消费金应予以退还。

最低消费条款无效，并不仅仅因为其是格式条款，还因为最低消费这一格式条款限制了消费者的权利，侵害了消费者的自主选择权，加重了消费者责任，属于不公平、不合理的规定，应当属于无效条款。

此外，关于最低消费的行为性质，虽然我国法律没有明确规定，但《餐饮业经营管理办法（试行）》第十二条中明确规定禁止餐饮经营者设置最低消费，任何组织和个人对违反本办法的行为，都有权向商务主管部门举报，主管部门一经查实之后，会根据该管理办法对相关餐饮公司进行处罚。另外，根据《侵害消费者权益行为处罚办法（2020修订）》，市场监督管理局也有权对餐饮行业经营者的最低消费行为进行处罚。通过投诉、举报途径来纠正商家的行为能达到营造良好餐饮市场环境的目的，但是对于消费者个人损失的挽回较为乏力，只能通过民事诉讼途径解决。

三、专家建议

广大消费者在餐饮消费时，应尽量先对是否存在最低消费限制进行询问，如果无法接受不合理的最低消费，可以敬而远之；如果已经消费完成，才知晓侵犯了个人权益，那么也应该勇敢地拿起法律的武器进行理性维权，不卑不亢。此外，出于营造和谐良好的餐饮市场环境的目的，消费者在发现此类情况之后，可以拨打 12315 向当地的市场监督管理局或者商务主管部门进行投诉，以彻底纠正商家设置 "最低消费" 条款的行为。

四、关联法条

《消费者权益保护法》第二条、第二十六条；《消费者权益保护法实施条例》第十七条；《侵害消费者权益行为处罚办法（2020修订）》第十二条；《餐饮业经营管理办法（试行）》第十二条、第二十条、第二十一条。

三、预付式消费纠纷

商户搬家，储值卡怎么办

日常生活中，许多经营者为提高消费群体的黏性，会推出具有一定优惠的储值卡，在餐饮、美容美发等行业都十分常见，甚至许多经营者为避免消费者退卡，在卡面、服务合同、消费者须知等处写明"一经售出，概不退款""解释权归经营者所有"等内容或设置高额的违约金，以此为理由拒绝退费，导致消费者一旦购买了储值卡，就和经营者进行"强制绑定"，更有甚者，部分经营者在售卡后直接搬家、换名。消费者购卡的初衷本是获取更加优惠和优质的服务，到头来反而变相花了"冤枉钱"。应对此类侵权，消费者实则只要掌握一定的维权思路和经验，就能有效追回卡内的余额。

一、案例简介

（一）基本案情

菅某为甲公司提供法律服务，后该公司将其持有某餐饮公司的三张不记名预付卡转交给菅某，用于"冲抵律师费"，三张卡均标注使用说明为：此卡仅限本店使用，同时标注地址为北京市东城区东直门内大街某处。餐饮公司于2015年变更地址为北京市前门某处，变更地址后继续正常营业，菅某持有的储值卡也可以继续正常消费。

菅某认为：餐饮公司搬家的行为，导致其不能正常为菅某提供服务，遂以餐饮公司侵害了持卡人的合法权益为由，诉至北京某区法院，请求餐饮公司返还卡内余额共计 13 万余元，并赔偿由此产生的利息损失。餐饮公司辩称：案涉储值卡为记名卡，所有权应属甲公司而非营某；案涉储值卡目前在其北京、天津任意一家分店均可使用，且该卡已备注说明"此卡不可兑换现金"。

另经法院查明，甲公司购买该储值卡时按 1.2 倍折算卡面费用，实际预存金额扣除消费金额后共计约 10 万元。[①]

（二）法院裁决

法院经审理认为，案涉储值卡卡面明确记载不记名、不挂失，故对于餐饮公司关于涉案储值卡为记名卡的答辩意见，缺乏事实及法律依据；虽然餐饮公司称其迁址到前门某处，但考虑到餐饮就餐的便利性、习惯性特点，地点的改变构成对合同内容的重大变更，营某要求餐饮公司退还涉案储值卡中剩余金额，具有合理性；对于营某的利息主张，缺乏事实依据，不予支持。最终，一审法院判决餐饮公司退还营某卡内余额共计约 10 万元，驳回营某其他诉讼请求。

一审法院判决作出后，各方均未提起上诉，一审法院判决生效。

二、以案说法

本案争议焦点有两个：一是消费者购买的预付卡是否可以转让；二是预付卡在何种情形下可以退卡退款。

（一）预付卡的转让

商业预付卡按使用范围不同可划分为单用途预付卡和多用途

---

① 详可参见北京市东城区人民法院（2020）京 0101 民初 2619 号民事判决书。

预付卡。单用途预付卡是由发卡机构发行的，只在本企业或同一品牌连锁商业企业购买商品或服务用的一种预付卡，例如超市购物卡、饭店储值卡等；多用途预付卡则可在发行机构之外，跨地区、跨行业、跨商户使用。生活中较为常见的预付卡多数为单用途预付卡。

单用途预付卡又可分为记名卡和不记名卡。顾名思义，记名卡仅能由特定的人使用，不记名卡则无此限制，因而记名卡的优惠力度往往会大于不记名卡。不记名卡通常可以进行转让，若经营者禁止消费者对不记名卡进行转让，则不记名卡实质上也就变为了记名卡。根据《单用途商业预付卡管理办法（试行）》（2016修正）第十四条第二款规定："单用途卡章程和购卡协议应包括以下内容：……记名卡还应包括挂失、转让方式；……"由此也可以推断，不记名卡不应限制消费者的转让方式。本案中，案涉储值卡是一种单用途商业预付卡，且为不记名卡，故应当认为该卡可以转让，任何持卡人都可以向发卡人获取与消费卡金额相等的商品或服务。

（二）预付卡的退卡

根据《单用途商业预付卡管理办法（试行）》（2016年修正）第二十一条、第二十二条规定，消费者可以要求发卡企业按照单用途卡章程或协议约定，为消费者提供退卡服务；发卡企业不再提供预付卡对应的商品或服务时，应向持卡人提供免费退卡服务，并提前至少30日在特点的媒体上进行公示。常见的情况是消费者在购卡时更多关注的是价格的优惠或其他福利，不会刻意关注预付卡的章程或是购卡协议并进行留证，当需要退卡时，也难以提供有力的证据进行维权，况且即便进行了留证，大部分预付卡退卡的条件也极为苛刻，毕竟经营者都不希望到手的钱再被"拿回去"。

实际上，当确实出现了由于经营者原因侵犯消费者权益的情形时，消费者也可以主张依据交易习惯、公平原则，要求发卡企业为消费者退卡退款。例如本案中，案涉卡片为餐饮公司发行的不记名预付卡，法院综合考量了餐饮行业的特点，即消费者追求的便利性和习惯性，法院认定经营地点的改变系菅某对卡片使用方式的重大变更，需要经过与菅某达成新的合意，否则该预付卡的使用将给菅某造成不便，并以此为据判决餐饮公司为菅某进行退款。

同时，广大消费者们需注意的是，因为购买单用途预付卡时往往会有一定的优惠力度，如"充1000送1000""办卡消费9折优惠"等，在退卡时根据公平原则，法院一般会按实际充值金额和消费金额进行折算，而非直接按卡内余额的数字确定退卡金额。

三、专家建议

消费者可以"由于经营者原因"要求退卡的情形还有很多，如商户停业、歇业、注销、变更经营场所、未按照约定提供商品或服务、单方面终止服务等，结合发卡企业提供的服务类型和行业，只要确实对消费者用卡造成重大影响，均可用退卡的方式进行维权。许多消费者接受的商品或服务已经早与购卡时的预期不符，但因为"嫌麻烦"默许了经营者侵犯自身权益的行为。遇到此类情况，消费者应该勇于维权，并寻求律师等法律专家的帮助，维护自身权益。

四、关联法条

《民法典》第一百三十六条、第五百三十三条;《单用途商业预付卡管理办法（试行）》（2016年修正）第十三条、第十四条、第十九条、第二十一条、第二十二条;《消费者权益保护法》第十六条;《消费者权益保护法实施条例》第二十二条。

预付了费用，还能反悔吗

随着生活水平的不断提高，越来越多的消费者，特别是青少年消费者，开始自由选择自己喜欢并且适合的娱乐活动，包括体育运动、舞蹈健美、野外训练等等，这其中不乏许多需要通过培训积累一定基础才能参与的活动。目前，培训行业的收费方式以预付费式收费为主，由消费者与培训机构签订合同，预交部分或全部培训费用，消费者定期参与培训机构组织的课程培训。有些消费者因"一时兴起"花重金购买课程，等冷静下来一琢磨又觉得花了"冤枉钱"，此时再找培训机构要求退费，已经难以实现。

一、案例简介

（一）基本案情

2017年10月8日，林某向某培训公司支付定金6000余元。2017年10月19日，林某与培训公司签订《培训协议》。双方约定：林某参加培训公司组织的"钢管舞大师班"培训课程，培训时间1年；因林某个人原因无法完成课程的，无权要求退还任何费用。同日，林某向培训公司支付了培训费1.2万元，合计向培训机构支付了培训费1.8万元。

后林某向培训公司表示，因家里不支持、经济困难、居住地与培训地较远等原因，希望先退回部分学费，待工作几个月后再学习，但双方未能达成一致。林某遂以无法继续履行合同且《培训协议》为格式文本为由，诉至北京某区法院，请求解除《培训协议》并退还全部费用。培训公司辩称:《培训协议》写明不可退费，且已与林某协商可以延期或转让课程，故不同意林某的诉讼请求。

另经法院审理查明，双方曾协商过退费事宜，未达成一致;林某未上过课，也未去过教室。①

（二）法院裁决

1. 一审判决

一审法院认为，林某与培训公司签署的《培训协议》未违反法律规定，应属有效;林某提出解除合同的主张，不符合法定解除条件，因此不予支持。遂判决驳回林某全部诉讼请求。

2. 终审判决

二审法院认为，林某与培训公司之间属于预付费服务合同法律关系，所涉的"钢管舞"培训课程具有人身专属性，且所涉合同本身不宜强制履行，鉴于林某家人反对、经济能力有限、居住地与培训地距离较远等原因，对林某要求解除合同的诉请予以支持;因解除合同是林某原因导致，无权要求返还定金，按法律规定，定金金额不得超过总价款的20%，将定金酌减为3000余元，林某该部分的返还请求不予支持。最终改判《培训协议》解除;培训公司退还林某培训费1.5万余元。

二、以案说法

本案的争议焦点主要有两个：一是因自身原因是否可以解除合同;二是消费者是否可以要求退还已支付的定金、培训费。

---

① 详可参见北京市第三中级人民法院（2020）京03民终6156号民事判决书。

（一）合同的解除

合同是由双方协商一致确定的文件，对双方均有约束力，除法律规定的事由或合同约定的解除事由出现，不可随意解除合同。对于服务合同，法律并未规定消费者具有单方解除权，但是考虑到服务合同的履行需要合同双方的参与及配合以及往往服务内容具有较强的人身属性，在一方明确提出解除合同时，双方不再具有履行的信任基础，并且考虑到不能强制要求消费者接受服务，双方的合同目的难以实现，因此消费者的请求一般会得到支持。

本案中，林某与培训公司订立的合同即为"钢管舞"培训服务合同，林某因家中反对、经济能力有限、居住地与培训地较远等原因为由，请求解除合同，在前述客观情况存在的前提下，林某欲学习钢管舞的合同目的已难以实现，且无法强制林某进行培训，法院遂支持了林某的主张。

（二）定金、培训费是否可退

1. 定金

定金在合同中具有担保的属性，是担保双方按合同约定履行的款项。给付定金的一方不履行约定的债务的，无权要求返还定金；收受定金的一方不履行约定的债务的，应当双倍返还定金。若因消费者原因导致合同解除的，应视为消费者的过错，此种情形下定金的退费难以得到支持；若因经营者原因导致合同解除的（如服务提供与约定不符、变更经营地等），则应视为经营者的过错，此种情形下消费者可以主张双倍返还定金。

根据《民法典》规定，定金的金额不得超过合同标的额的20%。在本案中，系因林某原因解除合同，定金退还的请求未得到法院的支持，但是定金的金额已经超出了20%，遂法院对定金进行了酌减，将超出20%的部分认定为合同预付款，应予退回。

2. 培训费

根据《民法典》规定："合同解除后，尚未履行的，终止履行；已经履行的，根据履行情况和合同性质，当事人可以请求恢复原状或者采取其他补救措施，并有权请求赔偿损失。"若法院能够支持消费者与经营者解除合同，就合同解除时尚未履行的部分，消费者可以向经营者主张退还尚未发生的费用。

假如消费者是单方终止消费，经营者并无违约或过错行为的，由于消费者的违约行为损害到了经营者的合同利益，因此将结合消费者过错程度、经营者已经提供的商品或服务量占约定总量的比例、约定的计价方式等因素综合确定消费者的违约责任，在消费者请求退还的费用中予以扣除。

在本案中，经法院审理查明林某未参与过课程、未前往过教室，也未发生过学杂费用，培训公司也未证明林某的行为给公司造成的损失，所以法院确认合同解除后，判令培训公司退还除定金外的全部费用。

三、专家建议

虽然存在因消费者原因解除合同要求退费被支持的案例，但是并非所有费用均可退还，若给经营者造成了损失，消费者还应赔偿该部分费用，同时由此产生的维权成本（如诉讼费、交通费）也是一笔支出。建议消费者在与服务机构签订合同的过程中，审慎考虑自身需求和客观条件后再做决定，切勿"一时脑热"就签订合同；签订合同前要认真审查合同条款，注意留存合同、消费记录、微信沟通记录等证据材料。

四、关联法条

《民法典》第一百三十六条、第五百三十三条、第五百六十三条、第五百六十六条、第五百八十六条、第五百八十七条;《消费者权益保护法》第二十六条;《消费者权益保护法实施条例》第十七条。

商户注销了该找谁退钱

美容美发卡、健身卡、加油卡、超市卡，各式各样的预付卡已经充斥在我们的日常生活中，经营者利用各种营销策略"诱惑"消费者们办卡，消费者们获取优惠价格的同时，也容易产生风险，一旦经营者玩起了消失，不管是什么金卡、银卡、钻石卡，通通变成无用卡，有的经营者甚至直接"人间蒸发"，当消费者欲进行维权时，发现经营者已经注销解散，消费者协会都无能为力。这种情况也并非维权无门，选择适格的主体作为被告提起诉讼，即可有效维护消费者的权利。

一、案例简介

（一）基本案情

2018年3月29日，袁某在天津某美容院购买了"黑金会员套餐"，双方签订《产品（服务）购买协议》，协议约定：产品项目套餐名称为2万元黑金会员（五折），不退不换，一旦退换，按门市价计价或按实际消费金额会员等级计价；购买此项目套餐即可附加享受价值4万元（门市价）的礼赠。自购卡以来，袁某多次在美容院消费、充值，直至2020年，美容院突然关门，袁某多次联系美容院的工作人员退费均未能成功，遂以美容院工作人员周某、刘某为被告，向天津某区法院提起诉讼，请求解除合同并返还合同款11万余元。庭审中，袁某申请美容院工作人员孙某作为证人，为其证明曾多次在美容院充值。周某辩称：孙某与自己关系交恶，其证人证言不属实；对于袁某多次消费单价的计算，应当以美容院价目表作为基准。

另经法院审理查明：美容院的主体类型为个体工商户，经营者为周某，于 2020 年 12 月 2 日注销；袁某累计向美容院支付款项共计 9.7 万余元。[①]

（二）法院裁决

1. 一审判决

一审法院认为，美容院已办理工商注销登记，实际已无法履行合同，美容院构成根本违约，符合合同法定解除条件；根据法律规定，美容院经营产生的债务应当由经营者周某承担，无证据证明刘某应承担返还合同预付款的责任；按合同约定，袁某具备黑金会员等级（充值消费 2 万元）享有五折优惠，但袁某未全额消费，应当按消费单价计价，消费共计 2.6 万余元，应予扣减。综上，一审法院判决解除双方签订的《产品（服务）购买协议》；周某退还袁某剩余预付款 7 万余元；驳回袁某其他诉讼请求。

2. 二审判决

二审法院认为，美容院已办理注销，袁某对于解除合同、返还相应预付款的请求应予支持；周某提交的美容院价目表不能证实是在双方签订合同时的价目表，也未能证实得到了袁某的确认；一审法院根据会员消费明细记录、项目套餐使用一览表等证据认定袁某已消费金额，并判令周某返还 7 万余元并无不当，故维持原判。

---

① 详可参见天津市第二中级人民法院（2022）津 02 民终 932 号民事判决书。

二、以案说法

本案的争议焦点主要有两个：一是美容院注销，周某是否应承担返还预付款的责任；二是应以何种标准计算袁某在美容院的消费金额进行扣减。

（一）商户注销后的责任主体

日常生活中，为消费者提供服务的商户，主要包括公司、合伙企业、个体工商户，不同性质的商户在注销后的责任主体也略有不同，消费者需加以区分。

1. 公司

公司类的商户常见于健身房、饭店、酒店等规模较大的商户。根据《最高人民法院关于适用〈中华人民共和国公司法〉若干问题的规定（二）》（2020修正）规定，公司办理注销登记前应当依法进行清算，清算组应当将公司解散事宜书面通知全体债权人。这里的"债权人"包括已支付预付费且有余额的消费者，消费者需按时向清算组申报，一旦错过，将无法补救。

现实中较为常见的是"卷钱跑路"的经营者可能会有虚假清算、不通知消费者等行为。此时，消费者也无须担忧，按前述法律规定，出现这类情形时，消费者可以向公司的股东、实际控制人主张退还预付款。

2. 合伙企业

合伙企业类的商户常见于小型超市、小型饭馆等中小型商户。根据《合伙企业法》（2006修订）规定，合伙企业注销前，应当由清算人将解散事宜通知债权人。与公司的清算相似，消费者也需按时向清算人申报。合伙企业注销后，消费者也可以向合伙企业中的普通合伙人主张退还预付款。

3. 个体工商户

个体工商户类型的商户常见于家门口的小型超市、小型理发店、修理铺等。根据《民法典》规定，个体工商户的债务，个人经营的，以个人财产承担；家庭经营的，以家庭财产承担。个体工商户办理注销后，消费者欲要求退还预付款的，可以向个体工商户的经营者主张退还预付款。

本案中，美容院的主体性质为个体工商户，袁某向美容院登记的经营者周某主张退还预付款，即得到了法院的支持。

（二）消费金额的确定

对于已消费金额的抵扣，特别是单价的确定，往往是这类纠纷中经营者的主要抗辩点。若在合同中或预付卡章程中写明各类服务或商品的单价，则应按相应单价计算，否则需要依据其他证据确定。如在本案中，周某主张按其提供的美容院价目表的单价计算已消费金额，法院认定周某无法证明美容院价目表是双方认可的单价，对这一证据未予采信，而是按袁某提供的会员消费明细记录、项目套餐使用一览表进行确定。

三、专家建议

消费者在选择商户时，应养成随时留存各类证据的好习惯，包括商户张贴的营业执照、服务或商品的价目表、每次服务前与工作人员的聊天记录、服务过程中的拍照等，减小后期维权难度。商户注销的，消费者维权更应当注重方式方法，此时选择司法途径救济会更加有效。消费者可通过国家企业信用信息网或第三方网站检索商户，进而确定商户的类型和维权的对象，同时借助法律专业人士的帮助，追回钱款。

四、关联法条

《民法典》第五十六条、第五百六十六条;《最高人民法院关于适用〈中华人民共和国公司法〉若干问题的规定（二）》（2020修正）第十一条、第十九条、第二十条;《合伙企业法》第八十六条、第八十八条。

通过第三方平台订酒店，给平台的
钱不能白交

伴随着网络和智能手机的普及，涌现出各类第三方平台，它们对商铺的信息进行整合，提供线上预订酒店、饭店、车票等各类服务，消费者可以在第三方平台上提前了解价格、余量、其他消费者的评价等各类信息，并按需进行预约。为防止恶意预订或不诚信行为，经营者往往会要求消费者支付定金，同时能更好地安排和提供服务。但计划总是赶不上变化，当行程变动需要取消预订时，退款总是遇到各种阻碍，在这个过程中，消费者往往都处于十分被动的地位，经营者和第三方平台互相推诿的情形也屡见不鲜。

一、案例简介

（一）基本案情

2020年1月5日，熊某通过某旅游APP向某旅行社预订酒店，行程日期为2020年1月14日至1月18日。2020年1月12日晚，熊某联系旅行社工作人员告知其同行人员高烧的情况，并于次日按照要求上传了相应材料，申请取消订单或延期至2020年国庆节。但经熊某与旅行社多次沟通，旅行社不同意延期，并告知熊某该订单不可取消，如未实际入住将全额收取房费。

熊某遂诉至上海某区法院，要求旅行社向其退还全部费用。

旅行社辩称：在服务提供过程中已经披露订单相应资源的退改政策，并据此收取相关费用，旅行社没有违约行为，其没有为熊某申请无损取消的义务，酒店费用旅行社也已经向供应商支付，故不同意退还剩余费用。

审理中，主审法官当庭拨打案涉酒店客服电话，确认取消政策为"如自行取消要扣除每间每晚200元的违约金，如提供相关疾病证明则除节假日外可无损取消。"另经法院查明：旅行社未将酒店该取消政策告知熊某，在熊某向旅行社告知情况并提供材料后，旅行社亦未要求供应商取消订单。[①]

（二）法院裁决

法院经审理认为，本案中旅行社未亲自或通过其供应商积极协助熊某向酒店方申请取消，并将酒店方反馈如实告知熊某，构成对法定义务的违反。就损失部分，如旅行社积极协助并及时全面地告知熊某该酒店的取消政策，则熊某的绝大部分损失本可以全部避免。根据法律规定，当事人一方不履行合同义务或者履行合同义务不符合约定的，应当承担继续履行、采取补救措施或者赔偿损失等违约责任。遂判决旅行社向熊某退还剩余费用共计8000余元（扣除取消政策应支付的违约金），驳回熊某的其他诉讼请求。

一审法院判决作出后，各方均未提起上诉，一审法院判决生效。

二、以案说法

本案的争议焦点主要有两个：一是旅行社在为熊某提供涉案

---

① 详可参见上海市长宁区人民法院（2022）沪0105民初3357号民事判决书，该案入选最高人民法院2023年发布的网络消费典型案例。

酒店预订服务过程中是否存在违约行为；二是经营者的"不可取消"的约定对消费者是否有约束力。

（一）违约的认定

本案双方是网络服务合同关系，此类合同中消费者往往处于弱势一方，根据第三方平台提供的格式合同确定双方权利义务，通常第三方平台会减轻自身的合同义务而不会约定此种情形下的通知、协助义务。实务中，消费者向第三方平台支付的费用与服务提供方实际收取的费用之间，往往存在不小的差额，第三方平台作为商事主体从其经营的业务中获得收益本无可厚非，但应当符合双方的约定且无悖于法律法规规定。同时，第三方平台的收费情况亦对其义务范围的确定具有一定参考意义。

本案中，一个更加应引人思考的问题是：如果酒店事实上赋予了消费者更多的权利，随着第三方平台（及其供应商）的参与并收取订单差价，当消费者要求取消订单，将导致第三方平台或供应商无法继续从中获利，此时第三方平台（及其供应商）没有任何动力去积极主动地促成消费者诉求的实现，若不明确第三方平台的附随义务，则显然极易引发道德风险并损害消费者利益。因而，在无书面约定的情形下，消费者根据案件实际情况，依据民法基本原则主张第三方平台履行附随义务，或承担未履行附随义务的责任，更易于得到法院的支持。

本案中，预订等事宜并非由熊某直接与酒店沟通确定，一审法院考虑到旅行社作为第三方平台在预订过程中收取了高额利润，同时基于案涉合同履行的特殊性，认定熊某因同行人员患病需取消预订时，旅行社负有及时协助熊某向酒店方申请取消订单、申请退款等法定附随义务，但本案中旅行社未能履行前述义务，违反了合同附随义务。

（二）"不可取消"的约定

预订过程中，经营者做出的"不可取消"约定一般被法院认定为格式条款，根据法律规定，该约定的效力取决于两方面：一是提供格式条款的一方是否履行了提示或者说明的义务；二是"不可取消"是否排除对方主要权利。如果"不可取消"的约定在预订过程中，明确或是多次地进行标注，并以明显的标注呈现给消费者，通常可以认定为经营者尽到了提示义务；"不可取消"的服务或商品的价格具有一定优惠程度，且经营者也履行了提供服务或商品的义务的，通常可以认定为没有排除消费者的主要权利。

本案中，旅行社未能举证证明事先已经向熊某充分说明了"不可取消"的政策，且该政策相对于酒店实际适用的取消政策明显不利于消费者，该约定不合理地限制了消费者权利。此外"不可取消"政策一般针对无理由取消订单情形，亦不可能完全排除法定情形下合理的取消请求，而熊某在本案中取消订单的理由为其同行子女突发疾病，具有一定正当性和合理性。故旅行社主张的"不可取消"约定法院未予以采信。

三、专家建议

本案系一次性消费引发的预付费纠纷，生活中通过第三方平台预订的消费活动十分常见。商品预订价格及相应的退改政策系直接关系消费者权益的重要信息，消费者在预订过程中应当同时关注预订的退改政策，并可通过截图、录音等方式留存证据，避免因临时情况需取消预订而造成更多损失。

以本案为启发，消费者如遇此类预付费纠纷，可采取的维权对象不仅仅局限于提供服务的经营者，第三方平台同样应承担协助退订退款等合同附随义务，而非一经预订成功即视为第三方平台的全部义务已履行完毕，在权利受到侵害时，通过多种途径并向多方寻求救济，以便最大程度保护自身合法权益。

四、关联法条

《民法典》第七条、第五百零九条、第五百七十七条;《消费者权益保护法》第八条、第二十六条、第五十五条;《消费者权益保护法实施条例》第九条、第十条、第十七条、第四十九条;《最高人民法院关于审理旅游纠纷案件适用法律若干问题的规定》第十二条。

四、食药消费纠纷

果冻里面有蜘蛛怎么维权

民以食为天，食以安为先，食品安全关系到广大人民群众的身体健康和生命安全，食品消费在消费者的日常生活消费中也占据很重要的一部分。吃得安心、吃得放心是广大消费者对食品的要求，也是食品生产者和经营者应该追求的目标。在遇到食品安全问题时，消费者合理利用法律武器进行维权，不仅是对自身合法权益的保障，也是推动形成全社会共同参与治理食品安全良好氛围的重要举措。

一、案例简介

（一）基本案情

2015 年 11 月 30 日，杨某在某百货批发公司购买由某食品公司生产的果冻，准备食用时，发现一只果冻中间存在异物（注：该果冻未拆封），经仔细辨认，发现该异物系蜘蛛。为此，杨某向市场监督管理局进行投诉，该局受理后组织双方进行调解，但最终因双方未达成一致意见而调解未果。事后，杨某为保全该果冻到公证处对该果冻进行证据保全公证。杨某向法院提起诉讼，认为某食品公司和某百货批发公司在生产和销售商品时，将明显不合格的商品销售给消费者，其行为不仅严重违反了《产品质量法》及《食品安全法》的规定，也严重侵害了消费者的合法权益，主张被告赔偿经济损失并支付所购商品赔偿金 1.1 万元。诉讼中，杨某变更赔偿经济损失诉讼请求为要求被告赔偿公证费和拍照费。被告某食品公司不同意原告杨某的诉讼请求，认为原告并没有相关部门的鉴定证明其生产流程和产品质量存在问题，且本案中涉案商品并没有对原告造成实际的损害，原告在终止调解后去公证处进行证据保全公证从而增加公证费用，属于原告过度维权，不应由被告承担。①

（二）法院裁决

一审法院认为，根据相关国家标准，涉案果冻应为不符合食品安全标准的食品。某百货批发公司并未举证证明其对涉案存在异物的果冻已尽到相应查验义务，致使不符合食品安全标准的果冻流入市场，存在销售明知不符合食品安全标准食品的行为。此外，由于所谓公证费、摄像光盘费（拍照费）并非所购涉案食品造成的人身或者财产损害，即不属因涉案食品造成的损失的范畴，故对要求两被告赔偿的公证费和摄像光盘费（拍照费）的诉讼请求不予支持。最终判决，某食品公司、某百货批发公司支付杨某赔偿金 1000 元，驳回杨某其余诉讼请求。

二、以案说法

本案的争议焦点主要有两个：一是赔偿金的认定，即食品生产者或者经营者未造成消费者人身损害，是否承担惩罚性赔偿责任；二是赔偿损失的认定，即公证费、摄像光盘费（拍照费）是否属于应被赔偿的损失的范畴。

（一）赔偿金的认定

消费者的合法权益受法律保护，法律规定的惩罚性赔偿不

---

① 详可参见江西省万载县人民法院（2016）赣 0922 民初 1525 号民事判决书。

以消费者人身权益遭受损害为前提。杨某在某百货批发公司购买由某食品公司生产的果冻，在食用过程中发现其中一个果冻存在类似蜘蛛状的异物，根据《食品安全国家标准果冻（GB19299-2015）》的"3.2感官要求状态无正常视力可见的外来异物"的规定，涉案果冻应为不符合食品安全标准的食品。根据《食品安全法》第一百四十八条第二款规定，生产不符合食品安全标准的食品或者经营明知是不符合食品安全标准的食品，消费者除要求赔偿损失外，还可以向生产者或者经营者要求支付价款10倍或者损失3倍的赔偿金；增加赔偿的金额不足1000元的，为1000元。但是，食品的标签、说明书存在不影响食品安全且不会对消费者造成误导的瑕疵的除外。

本案中，虽然杨某并未食用该有异物的果冻，未提交证据证明该食品给其造成了人身损害后果，但法律规定的惩罚性赔偿不以消费者人身权益遭受损害为前提。被告某百货批发公司并未举证证明其对涉案存在异物的果冻已尽到相应查验义务，致使不符合食品安全标准的果冻流入市场，根据《最高人民法院关于适用〈中华人民共和国民事诉讼法〉的解释》第九十条之规定，应承担举证不能的法律后果，即被告某百货批发公司存在销售明知不符合食品安全标准食品的行为。故杨某要求被告退还物款并支付1000元赔偿金的诉讼请求得到了法院的认可。

（二）赔偿损失的认定

根据《食品安全法》第一百四十八条第一款规定，消费者因不符合食品安全标准的食品受到损害的，可以向经营者要求赔偿损失，也可以向生产者要求赔偿损失。接到消费者赔偿要求的生产经营者，应当实行首负责任制，先行赔付，不得推诿；属于生产者责任的，经营者赔偿后有权向生产者追偿；属于经营者责任的，生产者赔偿后有权向经营者追偿。被告赔偿损失的前提是原告因所购买的食品受到了损害，本案中原告杨某在购买涉案食品后并未实际食用，所谓公证费、摄像光盘费（拍照费）并非所购涉案食品造成的人身或者财产损害，即不属因涉案食品造成的损失的范畴，故法院对原告杨某要求两被告赔偿公证费和摄像光盘费（拍照费）的诉讼请求不予支持。

三、专家建议

消费者在进行食品消费时应注意食品安全问题，遇到可能存在的食品安全问题时应注意取证、留证并合理利用行政、司法部门进行维权。消费者的合法权益受法律保护，法律规定对于生产者和经营者的惩罚性赔偿不以消费者人身权益遭受损害为前提。值得注意的是，法律认定的合理赔偿损失是指"消费者因不符合食品安全标准的食品受到损害的"，消费者在合理维权时应注意避免过度维权而造成经济损失。

四、关联法条

《食品安全法》第二条第一款第（一）项、第三十四条第（六）项、第一百四十八条；《最高人民法院〈关于适用中华人民共和国民事诉讼法〉的解释》第九十条；《民事诉讼法》第一百四十二条。

进口食品超范围使用添加剂怎么赔

随着经济社会发展和生活水平提高，大众对健康的追求也精益求精，在日常饮食中更注重饮食中的均衡和健康。但是现代人工作压力大，生活繁忙，在日常生活中难以实现饮食的均衡，很多人就将营养补充剂作为调节营养素摄入的重要方式，其中进口的营养补充剂倍受国内消费者青睐。但是，漂洋过海的舶来品存在包装说明"语言障碍"、产品标签混乱等问题，产品成分的安全性、有效性存在隐患。消费者在购买进口食品、保健品时应格外注意。

一、案例简介

（一）基本案情

2014年11月10日，吴某在某百货公司处购买了4瓶"某牌男士专用多维和矿物质复合片"以及2瓶"某牌维生素C复合片"，总价款1742元。所购食品的标签中都标有"原产国：加拿大"字样，且"某牌男士专用多维和矿物质复合片"的配料表中有"巴西棕榈蜡"内容、"某牌维生素C复合片"的配料表中有"巴西棕榈蜡"内容。《食品安全国家标准食品添加剂使用标准（GB2760-2011）》规定了巴西棕榈蜡的使用范围，不包括吴某所购产品。为此，吴某向人民法院提起诉讼，声称涉案食品都属于不符合食品安全标准的食品，某百货公司销售涉案食品的行为属销售明知不符合食品安全标准食品的行为，主张要求某百货公司退还货款并支付价款 10 倍的赔偿金。被告某百货公司提供了检验报告《入境验检疫卫生证书》等报告，主张作为零售商，只能对证件的合规性进行审查，无法对产品进行检验检疫，产品有相应的证书，被告已经尽到了合理合法的审查义务。

另查明，吴某曾多次以产品销售者责任纠纷或买卖合同纠纷提起诉讼。被告认为原告吴某不属于《消费者权益保护法》第二条规定的"为生活消费需要"而购买商品的消费者，而是出于"买假索赔"的营利目的，不应当适用法律对普通消费者的保护。因此，原告并非"消费者"，其购买不符合上述法律规定的消费者的购买行为，其起诉要求不应该得到法律的保护。[①]

（二）法院裁决

1. 一审判决

法院认为，原告在被告处购买了案涉产品，双方之间的买卖合同关系成立且合法有效。关于巴西棕榈蜡作为食品添加剂的适用范围，《食品安全国家标准——食品添加剂使用标准（GB2760-2011）》已有规定，案涉产品并不属于上述范围。在案涉食品中添加巴西棕榈蜡属于超范围在食品中添加和使用食品添加剂的情形，不符合食品安全国家标准。判令被告退还货款 1742 元，并向原告支付价款 10 倍的赔偿金 17420 元，两项共计 19162 元。

2. 二审判决

一审判决后，被告上诉就本案管辖权问题提出异议，请求撤销原裁定，将本案移送上海市闸北区人民法院审理。二审法院认为本案为买卖合同纠纷，原审法院作为原审被告住所地人民法院，

---

① 详可参见四川省成都市中级人民法院（2017）川 01 民辖终 310 号。

对本案具有管辖权。驳回上诉，维持原裁定。

二、以案说法

本案的争议焦点主要有两个：一是吴某是否具有消费者地位；二是经营者可否以进口食品入境卫生检验检疫合格为抗辩理由证明食品安全。

（一）消费者地位的认定

吴某曾多次以产品销售者责任纠纷或买卖合同纠纷提起诉讼，其"消费者"地位成为被告抗辩的重点问题之一。食品、药品安全事关民生，既是当前社会关注的热点问题，也是人民群众反映强烈的问题。食品、药品民事纠纷案件所涉侵害消费者权益行为危害严重，直接影响民生和社会稳定。《最高人民法院关于审理食品药品纠纷案件适用法律若干问题的规定》第三条规定："因食品、药品质量问题发生纠纷，购买者向生产者、销售者主张权利，生产者、销售者以购买者明知食品、药品存在质量问题而仍然购买为由进行抗辩的，人民法院不予支持。"本案中，吴某虽多次以类似案由提起诉讼，但由于其所购商品属于"食品、药品"，故对被告主张原告吴某不具备消费者地位的抗辩意见未予采纳。

（二）进口食品安全的认定

因原告吴某购买案涉产品的时间为 2014 年，应当适用于《食品安全法》（2009 年版）规定。根据该法第二十八条第（一）项规定，禁止生产经营用非食品原料生产的食品或者添加食品添加剂以外的化学物质和其他可能危害人体健康物质的食品，或者用回收食品作为原料生产的食品。在案涉食品中添加巴西棕榈蜡属于超范围在食品中添加和使用食品添加剂的情形，不符合食品安全国家标准。

对于被告主张的涉案食品入境卫生检验检疫合格，被告作为零售商只能对证件的合规性进行审查，已经尽到了合理合法的审查义务，法院未予以认可。法院认为被告某百货公司未尽到严格的审查义务，应当视为销售明知是不符合食品安全标准的食品，应当依照法律规定承担相应的民事责任。根据《最高人民法院关于审理食品药品纠纷案件适用法律若干问题的规定》第十五条"生产不符合安全标准的食品或者销售明知是不符合安全标准的食品，消费者除要求赔偿损失外，向生产者、销售者主张支付价款十倍赔偿金或者依照法律规定的其他赔偿标准要求赔偿的，人民法院应予支持"的规定，法院支持了原告吴某要求被告退还货款并支付价款 10 倍赔偿金的诉讼请求。

三、专家建议

近年来，很多消费者热衷于购买进口食品、保健品，认为进口的商品更安全、品质更好。进口商品越来越多地走进普通消费者的生活，日渐成为一种消费时尚。值得注意的是，进口食品也可能存在安全隐患，每个国家对食品安全的认定标准不同，我国对食品添加剂的使用标准更为严格，在进口食品中检出非法添加剂的案件时有发生。进口食品并不是安全食品的代名词，消费者应该正确看待、理性消费。在遇到进口食品存在安全隐患时，要积极使用法律武器，合理维护自身权益。

四、关联法条

《食品安全法》第二十八条第（一）项;《最高人民法院关于审理食品药品纠纷案件适用法律若干问题的规定》第十五条。

中药饮片致人死亡如何维权

中医药是中国古代科学的瑰宝，包含着中华民族几千年的健康养生理念及实践经验，在治疗疾病方面都有其独特的作用，广受人民群众的信赖。中药饮片已经成为中医临床防病、治病的重要手段。但是中药饮片技术标准模糊、炮制规范不统一、质量参差不齐，且缺乏明确的说明书，功效、毒性、用量等信息有赖于经营者在销售时充分尽到告知义务，否则一旦错误用药极易威胁生命健康安全，引发悲剧。

一、案例简介

（一）基本案情

2017年7月6日7时34分，杜某因腰痛到某大药房购买香加皮150克，煎水后于当日20时许服用，后出现胸闷、恶心、呕吐，送往医院抢救无效后于23时许死亡。2017年7月15日，由相关司法鉴定研究所对杜某进行解剖查明死亡原因，其出具《尸检鉴定意见书》鉴定杜某符合过量服用香加皮导致中毒致死，是死亡的主要原因。为此，杜某的妻子钟某将某大药房诉至法院。钟某称被告某大药房在没有执业医师及营业员没有上岗证的情况下，将临床常用中药且带有毒性的香加皮出售给受害人，而没有告知煎服方法及注意事项，导致受害人中毒死亡，应承担全部责任。被告某大药房认为在销售香加皮过程中没有过错，不承担责任。死者杜某主动要求购买150克香加皮，香加皮并非禁止销售的药品，也不是处方药，国家对香加皮销售没有相应的规定，作为顾客要买多少是顾客自己的事。同时，某大药房营业员已向杜某履行了告知义务，杜某主动购买应该知道香加皮的药理功能以及附有毒性，煎服时应当注意，杜某的死亡也与其本身的疾病相关联。[①]

（二）法院裁决

1. 一审判决

法院认为，杜某的死亡是药房没有尽到说明告知义务与其自身过错、自身疾病共同导致的，所以药房和杜某应各承担50%的责任。现有的相关法律法规没有规定香加皮是处方药还是非处方药，没有规定香加皮属于28种有毒药品之一，也没有规定药房营业员需要有上岗证才能上岗，所以香加皮不属于限售的药品和处方药，营业员可向购买者出售，原告主张被某大药房在没有执业药师及营业员没有上岗证的情况下出售香加皮存在过错不成立。遂判决，被告某大药房赔偿原告钟某治疗费1249.5元、丧葬费28735元、死亡赔偿金315403元、鉴定费16000元、其他费用8176元的50%，计184781.75元，精神抚慰金10000元。并驳回原告钟某的其他诉讼请求。

2. 二审判决

二审法院认为一审判决认定事实清楚，适用法律正确，应予维持。

[①] 详可参见江西省新余市中级人民法院（2018）赣05民终76号。

二、以案说法

本案的争议焦点主要有两个：一是某大药房出售香加皮给杜某与杜某死亡的因果关系及过错大小；二是药品经营者对中药饮片如何履行告知义务。

（一）出售中药饮片致死的过错认定

香加皮为临床常用中药，属于中药饮片，具有祛风湿、强筋骨的功效，2005 版《中国药典》中注明香加皮"有毒"，每日用量3—6克。《药品管理法》第五十八条规定："药品经营企业零售药品应当准确无误，并正确说明方法、用量和注意事项……"被告提交的药房监控视频，因没有声音，两位营业员是被告的员工又是事件的关联人，其出庭证言证明力弱，故不能证明杜某在某大药房购买香加皮过程中营业员向杜某说明了正确的使用方法、用量和注意事项；相关司法鉴定研究所的《法医学尸检鉴定意见书》已明确"杜某符合过量服用香加皮导致中毒致死，为死亡主要原因"，所以杜某死亡与某药房出售香加皮具有因果关系，而现有证据不能证明药房履行说明告知义务。

杜某为 69 岁的成年人且已具有相应的社会阅历，对中药及煎服应有一定的认知能力，其主动要求购买 150 克香加皮并一次性煎服，不能排除从他处听取的偏方，而其却没有尽到注意义务，导致死亡其自身也存在过错，且其本身潜在的冠心病对死亡起辅助促进作用。综上，杜某的死亡是药房没有尽到说明告知义务与其自身过错、自身疾病共同导致的，所以药房和杜某应各承担50% 的责任。

（二）履行告知义务的认定

在质证阶段，为证明药房已履行说明告知义务，某大药房提交了图片两张，证明所有售卖的药材的抽斗上均有各自的"名片"，香加皮"名片"右上角醒目标注"有毒"，服用量注明"煎服3—6克"。法院认为，从被告某大药房的监控视频可以发现，出售中药材的抽斗上均有各自的"名片"，但"名片"的内容却无法看清，故不能认定该"名片"就是某大药房香加皮的名片，现有证据不能证明药房履行说明告知义务。

三、专家建议

中药饮片不像西药有明确的说明书，中药饮片的功效、毒性、用量等并不被普通群众所熟知，一旦错误用药极易威胁生命健康安全，引发类似本案的悲剧。经营销售中药饮片时，相关主体应做到计量精准并告知煎服用法及注意事项，充分尽到告知义务。每个人都是自己生命健康的第一责任人，在任何情况下都应主动了解药品相关功效、毒性、用量的信息，使用正确的煎服方法及注意事项，守护自己的生命健康。

四、关联法条

《药品管理法》第五十八条第一款;《最高人民法院关于审理人身损害赔偿案件适用法律若干问题的解释》第十七条、第十八条、第十九条、第二十二条、第二十七条、第二十九条;《最高人民法院关于确定民事侵权精神损害赔偿责任若干问题的解释》第八条、第十条;《民事诉讼法》第六十四条。

消毒产品按照药品卖怎么赔

　　线下零售药店是消费者购买日常所需药品的主要途径之一，但是一些药品经营企业存在违规宣传产品的行为，对非药品类产品宣传暗示其对疾病有治疗效果，误导消费者。消费者购买产品时要留意产品批准文号，严格区分"国药准字号"和"其他产品"，不要把其他产品当药使用，以免延误病情。

一、案例简介

（一）基本案情

　　2016 年 6 月 21 日，许某在某大药房购买了 10 盒某制剂。购买后，其发现该产品说明书有标示治疗真菌性癣病的功效，而其批准文号为 × 卫消证字（20××）第 00×× 号，系消毒用品。根据《消毒管理办法》《药品管理法》《消费者权益保护法》的规定，许某认为某大药房以非药品冒充药品向其销售的行为违法，应依法赔偿其损失。经与某大药房交涉无效后，许某为维护自身合法权益，将其诉至法院，请求依法判令某大药房退还原告许某购物款，并依法按购物价款的三倍赔偿损失。被告某大药房未到庭参加诉讼，亦未提交书面答辩意见。①

---

① 详可参见广西壮族自治区南宁市青秀区人民法院 （2016）桂 0103 民初 5958 号。

（二）法院裁决

法院认为，涉案产品系消杀用品（消毒产品），消毒产品的标签（含说明书）和宣传内容必须真实，不得出现或暗示对疾病的治疗效果。而涉案某制剂的说明书、产品简介中均标示该产品具有治疗真菌性癣病的功效。被告某大药房故意隐瞒真实情况，以非药品冒充药品向原告许某销售，被告某大药房在销售涉案药品时存在欺诈行为。遂判决被告某大药房向原告许某返还购物款，并按购物价款的三倍赔偿损失。

二、以案说法

本案的争议焦点在于某大药房售卖涉案产品是否属于欺诈。

经营者与消费者进行交易，应当遵循自愿、平等、公平、诚实信用原则。《消费者权益保护法》第二十条规定，经营者向消费者提供有关商品或者服务的质量、性能、用途、有效期限等信息，应当真实、全面，不得作虚假或者引人误解的宣传。经营者对消费者就其提供的商品或者服务的质量和使用方法等问题提出的询问，应当作出真实、明确的答复。

本案中，涉案产品的批准文号为×卫消证字（20××）第00××号，系消杀用品（消毒产品）。消毒产品的监管适用《消毒管理办法》。该办法第三十一条规定："消毒产品的命名、标签（含说明书）应当符合国家卫生计生委的有关规定。消毒产品的标签（含说明书）和宣传内容必须真实，不得出现或暗示对疾病的治疗效果。"而涉案制剂的说明书、产品简介中均标示该产品具有治疗真菌性癣病的功效。根据《药品管理法》第九十八条"禁止生产（包括配制，下同）、销售、使用假药、劣药。有下列情形之一的，为假药：……（二）以非药品冒充药品或者以他种药品冒充此种药品的"的规定，被告某大药房故意隐瞒真实情况，以非药品冒充药品向原告许某销售，诱使原告许某作出错误意思表示，被告某大药房在销售涉案药品时存在欺诈行为。

三、专家建议

本案所涉产品为消毒产品，其生产、批准与管理标准与药品大不相同，不能用于治疗疾病，与药品有着明显区别。药店通过虚假宣传其对疾病的治疗功效，可能会导致延误病情甚至危害消费者生命安全的后果。在现实生活中，经常出现一些药品经营企业违规宣传销售非药品类（如消毒产品、保健品）的治疗功能、误导消费者的违法行为。消费者在日常购药时要注意留意产品批准文号，区分药品和其他产品，保障自身健康。

四、关联法条

《消费者权益保护法》第四条、第二十条、第五十五第一款；《消费者权益保护法实施条例》第九条、第十条、第四十九条；《最高人民法院关于贯彻执行〈中华人民共和国民法通则若干问题的意见（试行）〉》第六十八条；《中药品管理法》第九十八条、《民事诉讼法》第六十四条；《消毒管理办法》第三十一条。

五、汽车消费纠纷

"试验样车"当作"库存车"销售怎么赔

随着生活水平的不断提高，越来越多的人开始购买汽车，家居代步、郊野出游、拉货载物……家用汽车极大地方便了居民生活，也让居民生活更具幸福感、获得感。但广大居民在享受汽车带来便利的同时，对于汽车这一复杂机械的了解却很有限，容易在购买汽车的时候被忽悠，而汽车虽然不如早先那般稀缺昂贵，但购买汽车仍然是居民生活中的大宗开支。因此，在购买汽车时仍应当多做功课以求少吃亏、少上当。

一、案例简介

（一）基本案情

2020年10月16日，宋某到中汽某公司4S店购买××豪华5座汽车一辆，车辆价格96768元。交车后，宋某发现车辆发动车贴有标签，显示"工程样件乃非市场销售用零件，仅适用于试验样车"，为此向有关部门投诉，相关部门回复："……关于客户车有试验车标签的事宜，经过核实，致电的客户非原车客户，客户与真实车主的关系未知，真实车主是通过我们厂端内部渠道购买的试验车，所以在车上会有相关的标签，这在销售时已经说明，我们厂端与店端也对客户进行了说明，由于此车本来就是车辆上市前的试验车，所以车上会有相关的标签……"宋某遂以中汽某公司等单位售车行为存在欺诈为由诉至法院，请求撤销汽车买卖合同、"退一赔三",并赔偿车辆购置税、车辆保险费等费用。另经法院查明,2020 年 9 月 24 日,广汽公司给中汽某公司邮件显示:"以下车辆计划系统建单,×× 豪华智联 5 型,销售状态修改原因:新车型品质培育,下线时间:2019.01.17……"宋某提交与汽车销售常某的微信和通话录音,佐证购车时销售人员仅告知案涉车辆系库存车;录音显示,宋某:"买的时候,跟我们说的是库存,对吧。"常某:"对,是。"①

(二)法院裁决

1. 一审判决

一审法院认为,中汽某公司作为广汽公司的经销商,应该知晓案涉车辆标识"工程样件乃非市场销售用零件,仅适用于试验样车"以及广汽公司给其邮件标注"销售状态修改原因:新车型品质培育"的含义;基于一般生活常识,消费者如知道所购车辆为试验样车,有理由不买或选购其他车辆。中汽某公司有意隐瞒案涉车辆的真实情况,以致宋某作出了与其意思不一致的消费行为,因此中汽某公司行为构成欺诈。遂判决撤销汽车买卖合同、中汽某公司"退一赔三"并赔偿宋某车辆购置税、车辆保险费等费用。

2. 二审判决

中汽某公司不服一审判决,提起上诉。二审法院经审理认为,中汽某公司在销售案涉汽车过程中存在不真实介绍车辆信息的主观过错,行为构成欺诈。遂驳回上诉、维持原判。

二、以案说法

本案的焦点主要有两个:一是中汽某公司的行为是否构成欺

---

① 详可参见北京市第二中级人民法院(2022)京 02 民终 1750 号民事判决书。

诈；二是其欺诈行为体现在哪些方面。

（一）中汽某公司的行为是否构成欺诈？

一般而言，经营者在向消费者提供有关商品或者服务过程中，故意告知消费者虚假情况，或者故意隐瞒真实情况，诱使消费者作出错误意思表示的，可以认定为欺诈行为。本案中，中汽某公司故意隐瞒案涉车辆系"试验样车"，将"试验样车"当作"库存车"卖，而宋某的真实意愿为购买库存车而非试验车，中汽某公司故意隐瞒案涉车辆真实性质的行为使得宋某产生了认识错误，将"试验样车"作为"库存车"购买，中汽某公司的行为构成欺诈。一审法院、二审法院亦均对中汽某公司的欺诈行为进行了认定。

（二）"试验样车"当作"库存车"卖，欺诈从何体现？

1.本案中，中汽某公司表示广汽公司使用的"新车型品质培育"一词组并非行业术语，也未向中汽某公司解释对该词组的含义，中汽某公司不认可广汽公司关于该词组为"试验车"的观点。但实际上，不论"新车型品质培育"是否为试验车的行业术语，中汽某公司在对车辆性质含义理解不清时，应与厂家进行核实，获取准确信息。中汽某公司在未核实的情况下，告知消费者车辆为库存车，存在不真实介绍车辆信息的主观过错。

2.本案中，案涉车辆汽车控制单元"ECU"（行车电脑）上的标识载明"工程样件乃非市场销售用零件，仅适用于试验样车"，而汽车控制单元"ECU"（行车电脑）为车辆主要配件，中汽某公司作为汽车销售商对该配件上的标识应予注意并知晓。虽然中汽某公司以该配件不属于交车前检查范围，且标识位置隐蔽为由，主张其不应知晓标识内容，但法院并没有采纳其观点。

总而言之，"试验样车"与"库存车"是性质完全不同的两类车,而车辆性质属于对消费者消费抉择产生重大影响的商品信息,这也是法院认定中汽某公司构成欺诈并判决"退一赔三"的主要原因。

三、专家建议

汽车现在虽然已经成为一种较为普遍的产品,但对于不了解汽车的人来说,还是有一定的认知盲区和门槛,对于汽车的购买,消费者应当理性谨慎对待,更需要多听多看多问多比较。在购买汽车前以及过程中,可以多向身边熟悉汽车的亲友了解询问,也可以上网查询车评以及汽车自媒体发布的选车攻略和经验帖。即使因购车发生纠纷,也要冷静对待,向有关单位反馈反映以期解决的同时,要做好证据固定工作,例如本案宋某在庭审中提交的其与汽车销售人员的录音证据就起到了非常重要的作用。

四、关联法条

《消费者权益保护法》第五十五条;《消费者权益保护法实施条例》第四十九条;《民法典》第一百四十八条。

二手车里程造假怎么办

我国是全球最大的汽车消费市场，拥有巨大的二手车交易市场。"旧时王谢堂前燕，飞入寻常百姓家"，随着人们生活水平的提高以及汽车的普及，越来越多的小汽车走进了千家万户，奔驰在大江南北。二手车市场随着消费者需求的升级迭代也逐渐壮大，二手车以其性价比获得了越来越多人的青睐。但汽车毕竟是一种复杂机械，广大消费者对于汽车的认知和了解仍有一定不足，基于自身有限的生活经历很难在选择汽车特别是二手车过程中作出专业的判断和甄别，这也使得二手车市场消费纠纷频发。

一、案例简介

（一）基本案情

2016 年 12 月 12 日，范某（乙方）与某二手车公司（甲方）签订《二手车订购合同》，购置奥迪轿车 1 台。合同载明"甲方自愿将拥有处置权的车辆转让给乙方，甲方告知旧车基本情况如下"字样。合同还对其他权利义务进行了约定，并由甲方注明"甲方保证车辆无重大事故、无泡水、无火烧"。合同签订后，范某支付了购车款 10.5 万元。

2017 年 3 月，范某自行在案涉车辆维修时拆解发动机，并将车辆停放至某汽车服务中心修理厂内。

事发后，经范某申请，法院委托某鉴定机构对案涉车辆发动机中缸是否被更换、改造；是否有过重大事故、水泡、火烧以及里程表是否被更改进行鉴定。该公司出具《公估报告书》，其鉴定结论为：（1）发动机中缸被更换、改造过；（2）车辆无重大事故、无火烧事故；（3）车辆行驶里程表被调整过；（4）车辆是否有过水泡，无法鉴定。

另查明，某二手车公司提供品荐二手车服务，该公司在其宣传材料上对其品荐二手车的认证标准、认证流程表述为："使用年限不超过 60 个月，行驶里程不超过 15 万公里，无重大事故损伤，无重大改装……"[①]

（二）法院裁决

1. 一审判决

一审法院结合鉴定意见认为，某二手车公司明知案涉车辆实际行驶里程数与表显里程数不符，却与范某签订载明表显里程数的《二手车订购合同》，属于故意隐瞒真实情况，使范某产生错误认知，构成欺诈。遂判决"退一赔三"。

2. 二审判决

二审法院认为，某二手车公司上诉主张一审法院认定其构成欺诈是错误的，因其明知案涉车辆实际行驶里程数与表显里程数不符，却故意隐瞒该真实情况，使范某产生错误认知，其销售行为已经构成欺诈，一审法院认定并无不当。某二手车公司上诉主张一审法院要求其增加三倍赔偿不合理、不公平，因其销售行为构成欺诈，一审法院判决其增加三倍赔偿符合法律规定，遂驳回上诉、维持原判。

二审法院判决生效后，某二手车公司向湖北省高级人民法院

---

① 详可参见湖北省武汉市中级人民法院（2018）鄂 01 民终 10308 号民事判决书。

申请再审，请求撤销一审、二审判决。再审法院认为，一审、二审法院根据查明的事实和证据对该案所作判决，认定事实清楚，适用法律正确，审判程序合法，遂裁定驳回某二手车公司的再审申请。

二、以案说法

本案的争议焦点主要有两个：一是某二手车公司使用印有"品荐二手车"字样合同文本以及调整车辆里程是否足以使范某作出错误意思表示；二是某二手车公司是否构成对消费者欺诈，并向范某支付3倍赔偿。

（一）关于意思表示

意思表示就是表意人将其期望发生某种法律效果的内心意思以一定方式表现于外部的行为，例如在汽车买卖中消费者将购买汽车的意愿表达出来，这就是一种意思表示，再具体到汽车的颜色、配置等表示行为，都属于意思表示的范畴。本案中，某二手车公司作为专业的机动车销售公司，应在销售时就车辆状况、已行驶公里数等信息进行全面真实告知，范某也应当在选购时，就其在意的足以影响购车意向的因素主动向出卖人询问核实。一方面，某二手车公司虽使用印有"品荐二手车"字样合同文本，但并无案涉车辆属品荐二手车条款，且明确注明"初登日期：2011-03-08"，双方交易时已达66个月，显然不属"品荐二手车"范畴，乙方应当依合同约定对旧车状况、单证进行验收，善尽注意义务。故，某二手车公司使用印有"品荐二手车"字样合同文本，虽确有不当，但范某亦应善尽注意义务。另一方面，依据二手车交易习惯，表显里程数在二手车交易中对车辆的定价具有重要参考意义。某二手车公司将案涉车辆表显行驶里程由10万余公里调整为

8万公里，对二手车辆交易价值产生影响，且调整里程数达2万余公里，显然影响范某是否作出购车行为决定。综上，某二手车公司调整车辆里程足以构成范某基于获知信息错误而造成错误的购买意思表示。

（二）关于欺诈的认定

本案涉及二手汽车交易，根据交易习惯，车辆性能状况、使用年限、行驶里程数对车辆定价具有重要影响。某二手车公司作为销售方，在出售二手汽车时，应全面、如实告知消费者足以影响购车意愿的相关信息。车辆实际里程数对范某作出是否购车的意思表示具有重要影响，某二手车公司将案涉二手车实际行驶里程数由10万余公里调整为8万公里，且未履行告知义务，致使范某平对车辆的实际情况产生误解并购买了该车辆。某二手车公司故意隐瞒车辆真实情况的行为构成欺诈行为。需要明确的是，诚实信用原则是市场经济活动中的一项基本道德准则，也是现代法治社会的一项基本法律规则。该原则要求人们在民事活动中应当诚实守信，正当行使权利和履行义务，在追求自己利益的同时不得损害他人和社会的利益。某二手车公司的行为违反了诚实信用原则，法院判令某二手车公司向范某承担3倍赔偿责任于法有据。

三、专家建议

二手车消费纠纷是汽车买卖纠纷的高发领域，除了篡改里程，还有篡改车架号、以旧充新、隐瞒重大事故等问题，但二手车经过不良商家的修整和包装，一般消费者很难发现其中问题。这不仅需要消费者在购买二手车过程中一定要谨慎小心，同时要避免贪小便宜吃大亏。如果发生纠纷，一定要及时固定证据、依法维权。

四、关联法条

《消费者权益保护法》第五十五条;《消费者权益保护法实施条例》第四十九条;《侵害消费者权益行为处罚办法》第十六条。

买车后出现质量问题怎么办

虽然现在汽车已经逐渐成为一种较为普遍的消费品，但喜提新车仍然是一件令人高兴的事，对于新车主而言，驾驶汽车自由自在地驰骋在宽阔平坦的马路上，幸福感油然而生。汽车作为工业化的产物，难免会在特定的产品上出现一些个别的质量问题，而这些质量问题可能难以通过肉眼或在第一时间发现。新车车主遇到此类问题，往往会很慌张，也会感觉运气很差，喜提新车的喜悦荡然无存，只留下一堆问号和不知所措。

一、案例简介

（一）基本案情

2020 年 6 月 26 日，尹某与某汽车销售公司签订买卖合同，购买汽车一辆，交付定金 4000 元。2020 年 6 月 27 日，尹某交付某汽车销售公司车辆首付款及各项费用共计 50932 元。剩余款项 104000 元系由尹某通过贷款给付某汽车销售公司。以上款项共计 158932 元。某汽车销售公司向尹某交付车辆。购买车辆后，2020 年 7 月 17 日，尹某在驾驶车辆过程中出现熄火问题，某汽车销售公司工作人员到现场将车辆开回店更换了汽油泵。2020 年 7 月 21 日，某汽车销售公司再次给车辆更换汽油泵。2020 年 7 月 25 日，尹某再次发现车辆在行驶中熄火问题，车辆被拖至某汽车销售公司，双方对维修产生争议，车辆滞留某汽车销售公司，尹某锁车后离开。车钥匙在尹某处。故尹某起诉某汽车销售公司，要求解除合同，全额退还购车款。

诉讼过程中，某汽车销售公司退还尹某 1800 元。某汽车销售公司提出质量鉴定申请，天津某机动车鉴定评估有限公司出具《鉴定报告书》，鉴定意见：此车在路试鉴定过程中出现停车熄火现象，经诊断该故障为：数据总线丢失。因熄火现象存在偶发性和间歇性，所以不排除车辆在行驶过程中会出现熄火现象的可能性。[①]

（二）法院裁决

1. 一审判决

一审法院认为，经过鉴定机构鉴定，案涉车辆存在停车熄火现象；另外，案涉车辆在尹某发现质量问题存在的情况下，某汽车销售公司经过两次维修均未能解决问题，直至鉴定时仍然存在质量问题。综上，一审法院认定案涉车辆存在质量问题，并判决解除买卖合同，尹某将案涉车辆钥匙交还某汽车销售公司，某汽车销售公司退还尹某购车款 130900 元。

2. 二审判决

二审法院认为，案涉车辆自尹某购买不久后便出现熄火现象，但直至鉴定时，所涉问题仍未得到解决，某汽车销售公司亦表示对问题出现的成因尚无法作出定论，尹某购买案涉车辆的合同目的不能实现，且从安全性的角度出发，一审法院认定由尹某退还案涉车辆正确，遂判决驳回上诉、维持原判。

二、以案说法

本案主要争议焦点为案涉车辆是否存在质量问题。

---

① 详可参见天津市第二中级人民法院（2021）津 02 民终 9960 号。

（一）关于汽车"三包"

汽车"三包"政策是零售商业企业对所售商品实行"包修、包换、包退"的简称。汽车"三包"指汽车进入消费领域后，卖方对买方所购物品负责而采取的在一定限期内的一种信用保证办法。

根据国家市场监督管理总局发布的《家用汽车产品修理更换退货责任规定》的相关规定，家用汽车产品的"三包"有效期不得低于2年或者行驶里程5万公里，以先到者为准；包修期不得低于3年或者行驶里程6万公里，以先到者为准。"三包"有效期和包修期自销售者开具购车发票之日起计算；开具购车发票日期与交付家用汽车产品日期不一致的，自交付之日起计算。

另外，家用汽车产品在包修期内出现质量问题或者易损耗零部件在其质量保证期内出现质量问题的，消费者可以凭"三包"凭证选择修理者免费修理（包括免除工时费和材料费）。修理者能够通过查询相关信息系统等方式核实购买信息的，应当免除消费者提供"三包"凭证的义务。

就本案而言，案涉汽车存在熄火问题，且维修两次仍然不能解决，显然存在质量问题，根据《家用汽车产品修理更换退货责任规定》的相关规定，基于前述情形，消费者凭购车发票、"三包"凭证选择更换家用汽车产品或者退货的，销售者应当更换或者退货。这也是法院判决解除买卖合同、某汽车销售公司退还尹某购车款项的主要理由和依据。

（二）汽车"三包"的例外

汽车"三包"政策的出台与落实进一步保障了广大消费者的合法权益，但汽车"三包"也有一定的适用条件，在一些特定情况下，即使汽车在包修期内，但经营者仍有可能免除对质量问题承担"三包"责任，具体有：（1）消费者购买时已经被书面告知家用汽车产品存在不违反法律、法规或者强制性国家标准的瑕疵；（2）消费者未按照使用说明书或者"三包"凭证要求，使用、维护、保养家用汽车产品而造成的损坏；（3）使用说明书明示不得对家用汽车产品进行改装、调整、拆卸，但消费者仍然改装、调整、拆卸而造成的损坏；（4）发生质量问题，消费者自行处置不当而造成的损坏；（5）因不可抗力造成的损坏。对于包修期内家用汽车产品有前述情形之一的，可以免除经营者对下列质量问题承担的"三包"责任。

三、专家建议

消费者在购车时，一定要查验家用汽车产品的外观、内饰等可以现场查验的质量状况，并且要注意索要随车文件以及购车发票，同时按照随车物品清单要求经销商交付随车工具、附件等物品。消费者也可以对照随车文件，要求经销商告知汽车的"三包"条款、包修期、"三包"有效期、使用补偿系数、修理者网点信息的查询方式等信息。如果发生"三包"责任争议，消费者可以通过协商和解、请求消费者协会或者依法成立的其他调解组织调解、向市场监督管理部门等有关行政机关投诉、根据当事人达成的仲裁协议提请仲裁机构仲裁、向人民法院提起诉讼等途径解决，维护自身权益。

四、关联法条

《民法典》第五百六十三条、第五百六十六条；《家用汽车产品修理更换退货责任规定》。

侵害知情权和构成欺诈该如何界定

自古以来，"王婆卖瓜，自卖自夸"，但即使自卖自夸，也有个前提，那就是客观真实地描述产品的优势，同时要全面准确地说明产品的实际情况，而不能以偏概全、刻意隐瞒，否则就是涉嫌诱导甚至欺诈。在买卖关系中，基于自身各种各样的因素限制，大多数消费者对一些诸如汽车买卖等特定的领域往往只有粗浅的了解，而缺乏一定辨别经验，很容易被不良商家忽悠，有的商家以假乱真、坑蒙拐骗，有的商家话说一半、有所隐瞒，消费者在这种情况下，容易稀里糊涂地掉进不良商家的圈套。

一、案例简介

（一）基本案情

2017年5月18日，冯某与某汽车销售公司签订《销售合同》及《销售合同补充协议》，约定冯某向某汽车销售公司购买梅赛德斯－奔驰E-200L轿车一辆，车辆合同价格469800元。合同签订后，冯某向某汽车销售公司支付了购车款469800元，并将车辆提走。

2017年5月31日，冯某在某市公安局交通警察支队对其购买的梅赛德斯－奔驰E-200L轿车办理了登记手续。

2017年6月7日，冯某在对奔驰轿车进行美容过程中发现该车后保险杠、后杠下饰板进行过喷漆处理。之后，冯某与某汽销售公司就该车是否在出售前进行过修理交涉，最终确认：冯某向某汽车销售公司购买的奔驰轿车曾于 2017 年 5 月 6 日在运往某汽车销售公司途中到达京港澳高速公路湖南段 1430KM–100M（北往南）时装载该车的半挂车发生交通事故，造成该奔驰轿车后保险杠及后杠下饰板损坏。事故发生后，中国太平洋财产保险股份有限公司对奔驰轿车进行查勘并拍摄相应的图片。2017 年 5 月 9 日，该奔驰轿车被运输到某汽车销售公司处后，保险员对该奔驰轿车进行查勘定损，之后该奔驰车在某汽车销售公司处进行维修。因某汽车销售公司向冯某出售的车辆存在瑕疵，冯某认为某汽车销售公司的行为存在欺诈，故向本院起诉。

另查明，冯某为该涉案车辆支付了车辆购置税为 39299.15 元，车辆售后服务费 3000 元，机动车强制责任保险费 950 元，车辆商业险 13619.41 元，车船税 280 元。①

（二）法院裁决

1. 一审判决

一审法院认为，冯某在付清车款后，某汽车销售公司应当将符合规定的车辆交付给冯某，但某汽车销售公司未如实告知冯某车辆因在运输途中发生交通事故进行重新喷漆处理的情况，某汽车销售公司的处理行为确有不当之处，考虑其损害极其轻微，该事实亦不足以使冯某陷入购买车辆的错误认识并诱使其作出错误意思表示，且并不影响车辆的安全性能及使用功能，尚不构成欺诈。但由于某汽车销售公司存在交付瑕疵行为，存在一定的过错，应依照法律规定酌情赔偿冯某。一审法院判决某汽车销售公司补偿冯某 20 万元。冯某认为某汽车销售公司构成欺诈，经营者应当

---

① 详可参见广西壮族自治区桂林市中级人民法院（2018）桂 03 民终 1059 号。

按照《消费者权益保护法》第五十五条的规定承担"退一赔三"的惩罚性赔偿责任，遂提起上诉。

2.二审判决

二审法院认为，车辆在销售前的运输中途因拖车发生交通事故，导致后杠下饰板更换及拆装、后杠喷漆，产生维修费用 3800元，某汽车销售公司在销售该车辆时应当将该情况如实告知冯某，但其未能如实告知，履行合同存在瑕疵，一审因此判决其补偿冯某 20 万元并无不当。遂驳回上诉，维持原判。

二、以案说法

本案的争议焦点主要是某汽车销售公司的行为是侵害知情权还是构成欺诈。

（一）关于知情权

知情权是消费者的基本权利之一，即消费者享有知悉其购买、使用商品或者接受服务的真实情况的权利。根据《消费者权益保护法》的规定，"消费者有权根据商品或者服务的不同情况，要求经营者提供商品的价格、产地、生产者、用途、性能、规格、等级、主要成分、生产日期、有效期限、检验合格证明、使用方法说明书、售后服务，或者服务的内容、规格、费用等有关情况。"相对应的是经营者的告知义务。侵害消费者知情权的情形，主要有：（1）未向消费者告知；（2）向消费者虚假告知；（3）对消费者的不完全告知。本案属于第三种情形，本案某汽车销售公司未能向冯某如实告知案涉汽车有过维修的情况，显然就是对于冯某知情权的侵害。

（二）关于欺诈的认定

根据《最高人民法院关于适用〈中华人民共和国民法典〉总

则编若干问题的解释》第二十一条的规定："故意告知虚假情况，或者负有告知义务的人故意隐瞒真实情况，致使当事人基于错误认识作出意思表示的，人民法院可以认定为民法典第一百四十八条、第一百四十九条规定的欺诈。"本案中，冯某与某汽车销售公司在本案涉讼车辆交易时，某汽车销售公司按照车辆交易行规，展示车辆并详细介绍了车辆的相关设备、配备及功能，制作了车辆移交前检查单，二审法院认为冯某作为车辆运输的经营者，对车辆具备一定的专业知识，其在对该车辆进行了相应的检查后提取了车辆，故认定某汽车销售公司在车辆交易中存在欺诈行为的证据不足。

三、专家建议

在日常消费纠纷中，许多消费者为了避免麻烦也就听之任之。一些经营者正是抓住消费者这样的心理，以不正当手段获取非法利益。为此，消费者一方面要理性消费，尽可能全面了解产品情况，多听多问多看多想；另一方面要树立消费维权意识，对于侵犯消费权益的不法经营行为，应当敢于维权、勇于维权，及时拿起法律武器维护自己的合法权益。

四、关联法条

《消费者权益保护法》第五十二条、第五十五条；《消费者权益保护法实施条例》第二十二条、第四十九条。

六、商品房买卖纠纷

开发商为什么自我举报无证卖房

房产是消费者家庭财富的重要组成部分，有恒产者有恒心，面对高额的房价，消费者往往倾其所有，通过按揭贷款方式购买商品房，其目的是取得房屋所有权，成为有产者，真正融入其所工作和生活的城市，获得归属感、安全感和幸福感。依照相关法律规定，开发商开盘预售商品房应当取得预售许可，消费者购买未取得预售许可的商品房面临合同无效的巨大风险，消费者购房须谨慎，切不可疏忽大意。

一、案例简介

（一）基本案情

2016 年 4 月 25 日，西安某公司与李某签订认购合同，约定认购房源销售面积约 200 平方米，销售总价 172 万元，西安某公司给予李某总房价款七折优惠，优惠后总价 120.4 万元。认购合同签订当日，李某向西安某公司全额支付 120.4 万元购房款。2018 年 2 月 12 日，西安某公司以案涉房屋未取得商品房预售许可证为由将李某起诉至法院，请求确认双方签订的认购合同无效。李某不同意西安某公司的诉讼请求。[①]

---

① 详可参见陕西省西安市中级人民法院（2018）陕 01 民终 8145 号民事判决书。

（二）法院裁判

1. 一审判决

一审法院认为，李某与西安某公司签订的商品房认购合同约定了双方的名称、住所、房屋的基本情况、单价、总价款、付款方式、付款时间等，已经具备了商品房预售合同的主要条款，并且西安某公司已经按照约定收受全部购房款，该认购合同应当认定为商品房买卖合同。因西安某公司在该案起诉前仍未取得商品房预售许可证，故双方签订的认购合同应为无效合同，判决确认双方签订的认购合同无效。李某不服一审判决，提出上诉。

2. 二审判决

二审法院认为，首先，李某在签订认购合同当日即全额支付购房款，西安某公司在自身合同目的已经实现的情况下，非但不积极履行应尽的合同义务，面对房地产市场出现价格大幅上涨，反而主张合同无效的做法，显然违背诚信原则。其次，西安某公司作为开发商，对房屋预售所需条件应当是清楚的，对自身不办理商品房预售许可证即预售商品房行为的违法性应当是明知的。现西安某公司以自身原因造成的违法事实为由提起本案诉讼，真正目的在于获取超出合同预期的更大利益，其行为显然与社会价值导向和公众认知相悖。为弘扬社会主义核心价值观，彰显司法公正，对此种行为不应支持。最后，西安某公司签约时未取得商品房预售许可证，虽然违反了有关"商品房预售应当取得商品房预售许可证明"的规定，但是并不必然导致其与李某签订的认购合同无效。据此，案涉认购合同有效，双方之间成立有效的商品房预售合同法律关系。二审判决支持了李某的上诉请求，撤销一审判决，驳回西安某公司确认合同无效的诉讼请求。

二、以案说法

期房交易以开发商取得预售许可为前提。当房价处于上涨周期时，开发商为获取不当利益，可能恶意毁约，以其未取得预售许可为由起诉请求确认合同无效，虽然其诉请不会被法院支持，但消费者对此种风险却不可不察。

（一）商品房预售制与合同效力补正

1. 商品房预售制源自香港"卖楼花"，20世纪90年代被引入内地，是指开发商将正在建设中的房屋预先出售给买房人，由买房人支付定金或房价款的行为。预售制能够满足开发商、买房人和商业银行等各方利益诉求，融资优势明显。对开发商而言，可以快速回笼资金投入新的项目，提高周转率；对买房人而言，可以利用相对较少的首付款撬动信贷资金杠杆，实现提前置业；对商业银行而言，可以发放周期长、回报稳定的个人住房按揭贷款，获得安全稳健的利息收益。但预售制的风险在于，一旦预售款被开发商挪用，可能导致楼盘烂尾无法交房的巨大风险。为保护买房人权利，《城市房地产管理法》规定开发商应取得预售许可，预售所得款项必须用于有关的工程建设。

2. 开发商未取得预售许可签订的商品房买卖合同并非必然无效。只要在起诉前取得预售许可，合同即为有效。即使在案件审理过程中取得预售许可，合同亦应认定为有效。

（二）选择期房或者现房的分析

1. 购买现房确定性强、风险小

现房优势明显。首先，现房已建成竣工，可在短期内交付使用，办理过户登记通常没有法律障碍，不存在楼盘烂尾、开发商跑路等风险。其次，现房质量与装修品质、小区配套设施一目了然，消费者可以凭借直观感受作出价值判断与购买决定。

2. 购买期房确定性弱、风险大

期房尚在建设中，消费者只能通过楼书、沙盘模型及售楼人员的推介了解楼盘品质，而开发商的宣传和实际交付的楼盘可能存在差异。一般来讲，商品房销售广告和宣传资料性质为要约邀请，如未写入合同则不具有法律效力，除非开发商就商品房开发规划范围内的房屋及相关设施所作说明和允诺具体确定，并对合同订立及房价确定有重大影响，该说明和允诺才能成为合同内容，开发商违反的才应承担违约责任。

期房建设资金主要来源于开发商自有资金、银行开发贷款、买房人支付的预付款。一旦开发商因过度扩张，挪用预付款导致资金链断裂，楼房烂尾无法交付，消费者将面临房钱两失的困局。虽然依照《最高人民法院关于商品房消费者权利保护问题的批复》规定，消费者的房屋交付请求权、价款返还请求权优先于建设工程价款优先受偿权、抵押权及其他债权，但消费者的损失仍有可能无法得到弥补。

三、专家建议

消费者为满足刚需或改善性居住需求购买期房时，在签订商品房预售合同及支付价款前，须查验开发商提供的预售许可证，查询房产主管部门官网，核实所售楼盘已取得预售许可后再签约购买。开发商申请预售许可须具备已取得土地使用权证、建设用地规划许可证、建设工程规划许可证、建筑工程施工许可证等"四证"，且投资达到工程建设总投资的 25% 以上并已经确定施工进度和竣工交付日期等法定条件。开发商未取得预售许可不得预售商品房，否则预售合同很可能无效，消费者无法取得房产，已付购房款亦面临开发商无力返还的风险。

四、关联法条

《城市房地产管理法》第四十五条;《民法典》(《民法总则》)第七条、第一百五十三条;《城市房地产开发经营管理条例》第二十五条、第二十六条;《城市商品房预售管理办法》第六条、第九条;《最高人民法院关于审理商品房买卖合同纠纷案件适用法律若干问题的解释》第二条、第五条;《最高人民法院关于适用〈中华人民共和国民法典〉合同编通则若干问题的解释》第十六条第一款第(四)项。

商品房认购协议定金罚则如何适用

开发商正式开盘售楼前，往往存在认购环节，消费者选择符合自身需求的商品房，与开发商签订认购协议，待开发商取得预售许可证后再签订正式的商品房预售合同。认购协议通常约定有定金条款，消费者需向开发商支付定金，作为双方签订商品房预售合同的担保。一方因自身原因未能签订商品房预售合同的，构成对认购协议的违约，适用定金罚则，即开发商违约需双倍返还消费者定金，消费者违约则丧失定金。因此，消费者支付定金时一定要慎重。

一、案例简介

（一）基本案情

2021年6月10日，奚某与上海某公司签订《认购协议》，约定认购上海市浦东新区某房屋，总价款3071321元，双方应于7日内签署商品房买卖合同，奚某应于本协议签署同时支付定金70万元，该定金自双方签署商品房买卖合同及补充协议后自动转为购房款。奚某依约支付上海某公司定金70万元。2021年6月17日，奚某前往售楼处要求网签，上海某公司销售人员口头告知暂无法进行网签，但未告知另行签约的日期。之后奚某就网签事宜多次联系上海某公司销售人员均未果。直至2021年7月22日，上海某公司发布公告称其因2021年5月涉诉，故房屋网签受限。

奚某的合同目的已无法实现，故于 2022 年 6 月 4 日向上海某公司寄送了《解除认购协议通知书》，上海某公司收到后无任何回应，故奚某向法院提起诉讼，请求确认《认购协议》于解除通知书送达上海某公司之日解除，上海某公司双倍返还定金并退还预付款。[①]

（二）法院裁判

法院认为，根据法律规定，当事人约定在将来一定期限内订立合同的认购书、订购书、预定书等，构成预约合同。涉案《认购协议》约定，本协议签署之日起 7 日内签署房屋买卖合同，可以认定奚某与上海某公司之间成立预约合同，且合法有效，应予恪守。履约过程中，上海某公司未在上述约定期限内与奚某签署买卖合同，也未通知奚某另行签约期限，而是在 1 个月后以公告形式告知奚某网签受限，但仍未明确可以签约的时间，故奚某现以合同目的无法实现为由主张解除《认购协议》以及上海某公司承担定金责任，于法有据。奚某已向上海某公司支付定金 70 万元，超过合同总价款的 20%，超过部分不产生定金的效力，按总价款 3071321 元的 20% 计算，定金应为 614264.20 元，余款 85735.80 元为预付款。奚某要求双倍返还定金 1228528.40 元以及返还预付款 85735.80 元，符合法律规定，法院判决支持了奚某的诉讼请求。

二、以案说法

定金常见于商品房、家用汽车买卖等交易中，是合同当事人一方为债权提供担保的一种方式，容易与订金等发生混淆，需要

[①] 详可参见上海市浦东新区人民法院（2022）沪 0115 民初 50069 号民事判决书。

予以厘清。

（一）定金识别与类型

民法具有结构严谨、逻辑严密、用语准确的特性，一字之差，性质迥异，须咬文嚼字。除定金外，合同约定一方支付保证金、担保金、留置金、订约金、押金、订金等款项，但未明确约定定金性质的，均不具有担保功能，不能适用定金罚则，其性质视为预付款。

定金在法理上分为立约定金、违约定金与解约定金等类型，定金具有惩罚性功能。本案中，消费者认购商品房，为担保在将来一定期限内签订商品房买卖合同而支付定金，该定金属于立约定金。因开发商原因未能签订商品房买卖合同，开发商应双倍返还消费者定金。如双方签订了商品房买卖合同，定金一般抵作价款。

（二）定金的数额限制

定金数额由双方当事人约定，但不能超过法定上限。依据《民法典》相关规定，定金的数额不能超过主合同标的额的20%，超过部分不产生定金的效力，开发商应返还给消费者。

（三）定金罚则的排除适用

并非所有未签订商品房买卖合同的情形均适用定金罚则。如因不可抗力等不可归责于双方当事人的事由未能签订商品房买卖合同的，消费者和开发商均没有过错，不适用定金罚则，双方应解除认购协议，互不承担违约责任，开发商应当返还消费者定金。

（四）定金和违约金不能并用

实践中，有的认购协议除约定定金外，同时约定一方当事人拒绝签订商品房买卖合同的，应向对方支付购房款一定比例的违约金。如因消费者原因未能签订商品房买卖合同，开发商能否主张定金与违约金并用，既不返还定金，又要求消费者支付违约金呢？答案是不能。《民法典》规定定金与违约金只能择一适用，由守约方选择对其有利的责任方式，而不能并用。定金与违约金如并用，会导致利益失衡，违反公平原则。

（五）定金和赔偿损失可以并用

定金罚则适用的特点是，无论守约方是否发生损失，违约方均应承担定金责任。如定金不足以弥补损失，守约方有权请求赔偿超过定金数额的损失，但定金与赔偿损失的数额之和不能高于违约造成的损失。

三、专家建议

消费者购买商品房属于大宗交易，消费者需对交易尽到谨慎的注意义务。建议消费者在作出购房决定前综合考虑商品房所处城市、地段、楼层、户型、小区容积率、绿化率与相关设施以及周边商业、交通、教育、医疗等配套设施建设与规划情况等因素，结合自身预算与需求，理性作出决定。避免因一时冲动而签订认购协议支付定金，如事后反悔拒绝签订正式购房合同，需付出定金作为代价，造成不必要的经济损失。

四、关联法条

《民法典》第四百九十五条、第五百六十三条、第五百六十五条、第五百八十六条、第五百八十七条；《最高人民法院关于审理商品房买卖合同纠纷案件适用法律若干问题的解释》第四条。

开发商逾期办证如何支付违约金

消费者购买商品房的合同目的是取得房屋所有权。房屋作为不动产，以办理产权转移登记取得不动产权属证书作为消费者取得所有权的标志。区别于汽车、家具家电、数码产品、黄金珠宝等动产，交付即转移所有权。开发商依约交付房屋，转移占有于消费者，只是部分履行合同义务的行为，开发商未按约定期限为消费者办理不动产权属证书，应当向消费者承担违约责任，支付逾期办证违约金，并应继续履行为消费者办理产权转移登记的合同义务。消费者对商品房买卖合同中办证期限及相应违约责任条款应格外关注。

一、案例简介

（一）基本案情

2012 年 7 月 16 日，许某与北京某公司签订《北京市商品房预售合同》，约定许某购买案涉房屋，总价款为 5553118 元；出卖人应当在 2013 年 12 月 31 日前向买受人交付该商品房。如因出卖人的责任，买受人未能在商品房交付之日起 730 日内取得不动产权证书的，自买受人应当取得不动产权证书的期限届满之次日起至实际取得不动产权证书之日止，出卖人按日计算向买受人支付全部已付款万分之一的违约金。合同签订后，许某依约支付了购房款。2014 年 3 月 31 日，北京某公司将案涉房屋交付许某，同日，许某向北京某公司交纳产权代办费、契税、公共维修基金、产权登记费及印花税。因北京某公司逾期办理不动产过户登记手续，许某提起诉讼，请求北京某公司支付逾期办理房屋不动产权证书违约金。[①]

（二）法院裁判

1. 一审判决

一审法院认为，依法成立的合同，对当事人具有法律约束力，当事人应当按照约定全面履行自己的义务。案涉房屋的实际交付时间为 2014 年 3 月 31 日，北京某公司作为开发商依照约定应在房屋交付之日起 730 日内办理不动产权证书，但因北京某公司擅自变更规划用途，将原地上规划的停车位用途改为绿化与景观用地，导致案涉房屋未通过相关主管部门规划验收致使案涉房屋未取得初始登记至今未能为许某办理案涉房屋的不动产权证书，北京某公司已构成违约且不属于不可抗力情形，北京某公司应依约支付许某逾期办证违约金。判决支持了许某的诉讼请求。北京某公司不服一审判决，提起上诉。

2. 二审判决

二审法院认为，许某与北京某公司签订的《北京市商品房预售合同》系双方当事人的真实意思表示，亦不违反法律、行政法规的强制性规定，应属合法有效，双方当事人均应依约履行各自义务。北京某公司未在合同约定的期限内为许某办理案涉房屋的不动产权证书，该行为已构成违约且无其他法定或约定的免责事由，北京某公司应当对许某承担违约责任；鉴于双方在预售合同中明确约定了违约金的计算标准，且该约定未超出合理范围，北

---

① 详可参见北京市第二中级人民法院（2022）京 02 民终 8858 号民事判决书。

京某公司的上诉主张缺乏事实及法律依据，上诉请求不能成立，判决驳回上诉，维持原判。

二、以案说法

房屋的交付不等于所有权的转移。即使开发商已交房，消费者已进行装饰装修并入住，但在取得不动产权属证书前，房屋所有权在法律上仍属于开发商所有。商品房项目竣工验收合格后，开发商应先申请首次登记即初始登记取得大产权证，再为消费者办理转移登记即过户登记，消费者取得不动产权属证书，成为房屋所有人，合同目的最终实现。

（一）办理不动产权属证书的期限

办证期限以合同约定为准，如本案合同约定交房后 730 日内办证。如合同未作约定，期房办证期限为自房屋交付使用之日起 90 日，现房办证期限为自合同订立之日起 90 日。

（二）未取得不动产权属证书的风险

对于未取得不动产权属证书的房屋，消费者无法抵押融资，因为银行等债权人无法办理抵押登记，不能取得抵押权，无法对房屋变价款优先受偿；消费者亦无法转让房屋，因后手买方无法取得房屋所有权，不能实现交易目的。因此，未取得不动产权属证书的房屋是不完整资产，缺乏流动性与融资能力，法律风险巨大。

（三）预售商品房预告登记的作用

消费者为保障将来能够取得房屋所有权，可以与开发商在商品房预售合同中约定预告登记条款，由双方向不动产登记机构申请预告登记。预告登记后，未经消费者同意，开发商处分该房屋的，不发生物权效力。开发商一房数卖的，第三人不能取得所有权；开发商与第三人恶意串通另行订立合同并将房屋交付使用，导致消费者无法取得房屋，消费者可以请求法院确认后手买卖合同无效。开发商抵押该房屋的，银行等债权人不能取得抵押权。预告登记与网签备案相结合，能够为消费者权利提供双重保护。

（四）违约金标准及调整

合同约定的违约金标准应当合理，不能过分高于守约方因违约造成的损失，实践中一般以不超过损失的 30% 为限，超过部分法院不会支持。违约方认为违约金标准过高的，可以请求法院予以调整。认定违约金数额是否合理，应以因违约造成的损失为基础，综合考虑合同的履行情况、当事人过错程度等因素，遵循公平原则、诚信原则进行衡量。

本案中，商品房预售合同约定开发商逾期办证的，应当向消费者支付全部已付款每日万分之一的违约金，违约金按日持续计算，自应当取得不动产权证书的期限届满之次日起至实际取得不动产权证书之日止。每日万分之一折算成年利率为 3.6%，没有超出合理范围。因此，法院没有支持开发商请求适当减少违约金的抗辩。

（五）违约金债权的诉讼时效

诉讼时效制度的目的是督促权利人及时行使权利，一旦诉讼时效期间届满，债务人提出抗辩，权利人将丧失胜诉权，其债权无法得到法院的司法保护。消费者请求开发商支付逾期交房或逾期办证违约金的诉讼时效期间为 3 年，自合同约定的交房或办证期限届满之次日起开始计算。本案中，合同约定以每日为单位累计计算违约金金额，应以按日形成的每个个别债权分别单独适用诉讼时效，消费者主张违约金的保护范围自起诉之日起向前推算 3 年。

三、专家建议

消费者签订商品房买卖合同时，要认真阅读合同条款，要求开发商将逾期交房或逾期办证违约金计算标准明确写入违约责任条款。如合同中没有约定逾期办证违约金，消费者可以依据《最高人民法院关于审理商品房买卖合同纠纷案件适用法律若干问题的解释》相关规定，请求开发商按照已付购房款总额，参照中国人民银行规定的金融机构计收逾期贷款利息的标准计算违约金。

四、关联法条

《民法典》第一百八十八条、第二百零九条、第二百一十四条、第五百零九条、第五百八十五条、第五百九十八条；《最高人民法院关于审理商品房买卖合同纠纷案件适用法律若干问题的解释》第十二条、第十四条。

商品房出现质量问题怎么赔

商品住宅是消费者的安身立命之所，承载着消费者的安全、健康和幸福生活。商品房质量关乎国计民生。近年来，因商品房质量缺陷影响消费者正常居住使用而引发纠纷的报道时常见诸于媒体。商品房作为大宗耐用商品，开发商应当依照相关法律法规和住宅质量保证书规定，向消费者交付符合法定或约定质量要求的商品房，在保修期内依法承担质量保修责任，及时修复质量缺陷并赔偿消费者因此造成的损失。

一、案例简介

（一）基本案情

2015 年 7 月 25 日，张某与北京某公司签订《北京市商品房现房买卖合同》，约定张某购买北京某公司开发建设的房屋，房屋建筑面积 205.86 平方米。房屋单价为每平方米 17817.03 元，房屋总价款 3174639 元。北京某公司于签订合同当日向张某交付了案涉房屋。张某于 2017 年 4 月 17 日取得了案涉房屋的不动产权证书。张某收房后发现案涉房屋地下一层存在电路故障，所有电源插座无法使用，一经合闸，全单元总闸跳闸。张某多次找北京某公司及物业公司维修未果。遂向法院提起诉讼，请求判令北京某公司赔偿案涉房屋地下一层电源修缮费用 10788 元。北京某公司不认可案涉房屋工程质量有问题，不同意张某的诉讼请求。[①]

（二）法院裁判

法院审理过程中，张某申请对故障原因及修复方案进行鉴定，鉴定意见为插座之间线路存在短路，修复方案为明敷设配管配线，或原状恢复。法院认为，当事人应当按照合同约定全面履行义务。北京某公司作为建设单位，对其交付的房屋应当承担质量瑕疵担保责任，对存在质量问题的房屋应当及时予以修复。从本案的现有情况看，涉案房屋电路问题自交付时即存在，北京某公司始终未予修复，故对张某要求其承担涉案房屋电路问题修复费用的诉讼请求，法院予以支持。关于修复费用的标准，按照质量问题修复方案的鉴定意见，修复电路问题首先要整体更换插座线路；如遇埋地线管不通的情况，则需要重新敷设配管配线。虽然鉴定机构在出具鉴定意见时出于经济适用的原则，出具了明敷设配管配线的方案，而张某不同意该明敷设的修复方案，综合考虑本案质量问题的起因、质量问题的程度、质量问题持续的时间、北京某公司在解决问题过程中的作为情况，张某要求原状恢复的请求并无不当，故对张某要求按照原状恢复的修复方案支付修复费用的请求，法院予以支持。判决北京某公司赔偿张某电源修缮费用10788元。

二、以案说法

商品房质量直接关系到消费者能否安居乐业。依照《房屋建筑工程质量保修办法》相关规定，房屋质量缺陷，是指房屋建筑工程的质量不符合工程建设强制性标准以及合同的约定。实践中，

---

① 详可参见北京市密云区人民法院（2020）京 0118 民初 1481 号民事判决书。

商品房质量缺陷特别是渗漏问题，成为困扰消费者的烦心事、闹心事，是工程质量的顽疾，引发社会关注。

（一）商品房质量保修主体

依照《民法典》《建筑法》等相关法律法规规定，开发商对其销售的商品房承担质量瑕疵担保责任，在保修范围和保修期限内对质量缺陷承担修复义务并对造成的损失承担赔偿责任。

合同具有相对性，商品房买卖合同与物业服务合同属于不同主体之间的不同法律关系，无论物业公司是否为开发商的子公司或关联公司，是否为开发商选择的前期物业公司，消费者均不能以开发商拒绝或拖延履行质量保修义务为由，拖延或拒绝支付物业费。

（二）商品房质量保修范围和保修期限

在正常使用条件下，商品房的最低保修期限为：（1）地基基础工程和主体结构工程，为设计文件规定的该工程的合理使用年限；（2）屋面防水工程、有防水要求的卫生间、房间和外墙面的防渗漏，为5年；（3）供热与供冷系统，为2个采暖期、供冷期；（4）电气管线、给排水管道、设备安装为2年；（5）装修工程为2年。商品房质量保修期限自交付之日起计算。

上述保修期限相关法规制定年代已较久远，随着新技术、新设备、新材料、新工艺的广泛应用，新建住宅工程勘察设计水平、材料性能、工艺工法和质量保障已有很大提升，适当延长质量保修期限，符合当前工程技术和建筑材料的发展现状，有助于提升消费者的居住品质。2022年6月8日，山东省住建厅印发《关于调整新建住宅工程质量保修期的指导意见》，对新建住宅工程质量保修最低期限作出延长调整，将屋面防水工程以及有防水要求的卫生间、房间和外墙面的防渗漏由5年调整为10年；供热与供冷系统由 2 个采暖期、供冷期调整为 5 个；电气管线、给排水管道、设备安装隐蔽部分由 2 年调整为 10 年，非隐蔽部分由 2 年调整为 5 年。保修期限内经维修合格的部位，可由开发商和产权人重新约定保修期限。山东省住建厅延长质量保修期限的指导意见值得各地借鉴和推广。

（三）商品房质量缺陷修复与赔偿责任

如房屋主体结构质量不合格或因房屋质量问题严重影响正常居住使用的，消费者有权请求解除合同和赔偿损失。如房屋出现一般质量问题，开发商应当及时进行修复。开发商拒绝修复或在合理期限内拖延修复的，消费者可以自行或委托他人修复。修复费用及修复期间造成的其他损失由开发商承担。

例如，因屋面防水或外墙面防渗漏工程质量存在缺陷导致渗水、漏雨，造成家具、电器、床上用品、壁纸、木地板等浸泡受损，开发商应当承担赔偿责任。若房屋质量问题严重，导致消费者无法正常居住的，消费者可以租赁面积、装修、户型、地段等条件相近的房屋，合理的租金损失应当由开发商赔偿。

三、专家建议

商品房质量关涉消费者切身利益，建议消费者先验房后收房。消费者接到书面交房通知后，要认真细致地进行验收，必要时可聘请第三方专业人士协助验收，查验房屋是否存在屋顶、墙面开裂、渗漏、管道堵塞、门窗翘裂、五金件损坏等质量缺陷，及时向开发商提出异议，待开发商修复合格后再办理收房手续。入住后房屋发生质量问题，消费者要及时拍照、录像固定证据，通知开发商修复。如双方就保修范围、修复方案及修复费用等事项发生争议，消费者可以向消协组织、房产主管部门投诉，也可以向法院起诉，依法理性维权。

四、关联法条

《民法典》第五百七十七条、第五百八十四条；《建筑法》第六十二条；《建设工程质量管理条例》第四十条；《城市房地产开发经营管理条例》第三十条；《房屋建筑工程质量保修办法》第七条；《最高人民法院关于审理商品房买卖合同纠纷案件适用法律若干问题的解释》第九条、第十条。

开发商宣传的温泉入户未兑现是否违约

随着楼市黄金、白银时代的结束以及人口出生率的下降，房地产市场供求关系发生重大变化，市场竞争愈发激烈。开发商通过打折、附赠车位、宣传房屋特定使用功能等楼盘与众不同的卖点等各种促销手段吸引消费者。因消费者日益关注生活品质和健康养生，温泉入户遂成为开发商售楼时宣传的亮点。但售楼广告与宣传资料一般不构成合同的内容，在温泉入户允诺未兑现时，开发商往往以合同未约定为由逃避承担违约责任。因此，消费者需树立合同意识与证据意识。

一、案例简介

（一）基本案情

2016 年 12 月 31 日，王某与北京某公司签订《北京市商品房预售合同》，约定北京某公司将位于北京市密云区某房屋出售给王某，房屋总价 3498633 元。王某已将购房款全额支付给北京某公司，北京某公司已交付房屋。房屋交付后，王某认为北京某公司存在没有按照售房时的宣传承诺接通温泉入户等违约行为，起诉请求赔偿损失。北京某公司辩称合同并未约定其应实现温泉入户，王某的诉请没有合同依据。①

---

① 详可参见北京市密云区人民法院（2022）京 0118 民初 1847 号民事判决书。

（二）法院裁判

法院认为，原、被告签订的预售合同及补充协议系双方真实意思表示，不违反法律、行政法规强制性规定，合法有效，双方均应依约履行。根据已查明的事实及生效判决，北京某公司曾向不特定购房者或潜在购房者宣传过关于温泉入户的内容，并将温泉作为涉案楼盘的显著特征，北京某公司对其所建设的房屋也进行了温泉入户管道设施的安装。因此，王某主张其购房时通过从售楼处取得的商业广告和宣传资料了解到涉案房屋温泉入户，具有高度可能性。

同时，温泉入户属于对涉案房屋使用功能质量的陈述，对于买受人订立商品房买卖合同满足特定的心理预期以及房屋价格的确定有一定的影响。故即使温泉入户的内容未载入合同及补充协议，亦应当视为合同内容。北京某公司提出补充协议第十七条"相关广告、宣传资料、楼书、沙盘模型、展示品、样板房等所表达和提供的信息仅作为参考，不构成本合同内容，对出卖人、买受人均没有任何法律约束力，出卖人、买受人均不受其约束"的内容，属于北京某公司单方拟定的条款，免除了其责任，且其未采取合理方式提请买受人注意，故上述内容对买受人无效。

北京某公司未按照约定提供温泉入户已构成违约，应承担违约责任。对于王某要求北京某公司支付未履行温泉入户造成的经济损失之请求，本院予以支持。因合同未约定温泉未入户时违约金数额或损失赔偿额的计算方法，损失赔偿额应相当于因违约造成的损失。具体金额，结合案件的审理及类案处理情况，本院予以酌情确定，判决北京某公司给付王某因未履行温泉入户造成的经济损失69900元。

二、以案说法

合同是当事人之间的法律，合同内容决定当事人的权利和义务，消费者需重视合同条款。

（一）售楼广告和宣传资料的性质与效力

依照《民法典》相关规定，一般来讲，售楼广告和宣传资料性质为要约邀请，不构成合同的内容，不具有法律约束力，不能作为消费者主张权利的依据。

（二）售楼广告和宣传资料载入合同的条件

当售楼广告和宣传资料的内容符合要约条件的，构成要约。如开发商就商品房开发规划范围内的房屋及相关设施所作的说明和允诺具体确定，并对合同订立及房价确定有重大影响的，该说明和允诺即使未载入合同，亦应当为合同内容，具有法律约束力，开发商违反的，应当承担违约责任。本案中，开发商对温泉入户的允诺具体确定，满足了消费者的心理预期，对消费者订立合同及房价确定有重大影响，虽未载入合同，亦构成合同的内容，开发商未兑现允诺构成违约，应当赔偿消费者损失。

（三）开发商对小区周边配套设施进行的宣传没有约束力

消费者购房时除考虑房屋所在楼层、户型、面积与得房率等因素外，小区周边的地铁公交、幼儿园与中小学、医院以及商场超市等配套设施亦是重要考量因素。开发商无权决定小区周边配套设施的规划和建设，却通常将政府部门已公开的建设规划作为楼盘卖点进行宣传。消费者购房后，小区周边配套设施建设规划可能变更或撤销，因未能实现子女就近入学、减少通勤时间、家门口便捷就医或购物娱乐等预期目标，消费者请求开发商承担违约责任。因小区周边配套设施不在商品房开发规划范围内，相关商业宣传不构成合同的内容，故开发商不构成违约。

（四）格式条款的法律规制

格式条款是指开发商为了重复使用而预先拟定，在订立合同时未与消费者协商的合同条款。格式条款有利于降低交易成本，提高交易效率，同时限制了相对人的合同自由。因此，法律对格式条款的订立、效力和解释有着严格的规制。

开发商应遵循公平原则确定双方的权利义务。依照《民法典》及司法解释规定，开发商对商品房质量、免责条款等与消费者有重大利害关系的格式条款，应采用通常足以引起消费者注意的文字、符号、字体等明显标识提示消费者注意，按照消费者的要求就格式条款的概念、内容及法律后果以书面或口头形式作出通常能够理解的解释说明。否则，消费者可以主张该条款不成为合同的内容。如格式条款排除消费者的主要权利，或者不合理地免除或减轻开发商责任、限制消费者的主要权利或加重消费者责任，则该格式条款无效。

本案中，开发商利用补充协议中的格式条款排除了广告和宣传资料的法律约束力，但未采用字体加黑、加粗等明显标识提示消费者注意，对消费者不发生效力。即使开发商履行了提示或说明义务，因该条款不合理地免除了开发商责任，亦应认定为无效。

三、专家建议

建议消费者在购房时，针对开发商作为楼盘亮点和显著特征进行宣传的小区规划范围内的房屋使用功能质量及相关设施等具体明确的说明和允诺，索取并留存纸质版楼书、商业广告等宣传资料，对沙盘模型、样板房、售楼处人员口头介绍等说明和允诺内容通过拍照、录音录像等方式进行证据固定。签订预售合同时，要求开发商将相关允诺载入合同，并约定违约责任条款。一旦开发商违反允诺，消费者可以举证证明开发商违约，请求其承担赔偿责任。

四、关联法条

《民法典》第四百七十三条第二款、第四百九十六条、第四百九十七条、第五百零九条、第五百八十四条;《消费者权益保护法》第二十六条;《消费者权益保护法实施条例》第十七条;《最高人民法院关于审理商品房买卖合同纠纷案件适用法律若干问题的解释》第三条;《最高人民法院关于适用〈中华人民共和国民法典〉合同编通则若干问题的解释》第十条。

七、旅游消费纠纷

旅游服务标准与约定不符怎么维权

旅游活动作为一种娱乐身心、休闲放松的生活方式，旅游者为了更好地体验当地的自然风光和风土人情，往往会选择参加旅行社的出游方式。旅游者在选择旅行社签订旅游合同之前，不仅要关注价格，更要关注合同具体条款及行程单。若旅游过程中遇到旅行社擅自降低服务标准、强制消费等行为，要理性沟通，及时表达诉求，保留证据，依法维护自身权益。

一、案例简介

（一）基本案情

2016年7月14日，原告邓某某、胡某、邓某与被告A旅行社签订《浙江省境内旅游合同》，约定：旅游路线名称为青岛双高6日游；旅游时间为2016年7月23日至2016年7月28日，6天5晚；旅游费用为每人1500元，共计4500元；具体行程及标准详见附件；合同还约定了其他内容。在合同附件中，标明"全程四星，升级两晚五星"的字样。合同签订后，原告邓某某支付了团费4500元。2016年7月23日至2016年7月27日5个晚上，三原告分别被安排入住a、b、c、d、e五家酒店。其中只有b酒店为四星级酒店。旅游结束后，原告就上述旅游纠纷与被告协商赔偿事宜未果。后原告向D市旅游质量监督管理所投诉，经该所组织双方调解，但未能达成协议。原告以被告欺诈且强迫原告参与自费项目为由向法院提起诉讼，请求判令被告退还原告被迫参与自费项目的费用 900 元；"退一赔三"，再支付原告 18000 元；误工费 400 元。①

（二）法院裁决

1. 一审判决

一审法院认为，原、被告系旅游纠纷，应适用旅游合同纠纷的相关法律，原告诉请要求被告按照消费者权益保护法承担赔偿责任，不予支持；原告目前提供的证据不足，应由原告承担举证不能的不利后果，原告诉请要求被告退还被迫参与自费项目费用及赔偿误工费，于法无据，不予支持。遂判决被告 A 旅行社于本判决生效之日起 5 日内赔偿原告邓某某、胡某、邓某 3000 元，驳回原告方的其他诉讼请求。

2. 终审判决

原告邓某某、胡某、邓某不服一审法院判决提起上诉，二审法院认为被上诉人 A 旅行社的做法欠妥，应当承担相应的后果，但由此认定欺诈依据不足；上诉人并无充足证据证明被上诉人存在强迫其参与自费项目的行为；上诉人主张误工费，于法无据。因此，上诉人的上诉请求和上诉理由均不能成立，二审法院维持原判。

二、以案说法

本案的争议焦点在于 A 旅行社未依约提供相应标准的住宿服务的行为是否构成欺诈，以及是否构成强迫消费行为。

---

① 详可参见浙江省丽水市中级人民法院（2016）浙 11 民终 1415 号民事判决书。

（一）是否构成欺诈

合同纠纷与合同欺诈是两种不同性质的现象，但二者的客观表现却有着相同或相似之处。合同欺诈一般是指以非法占有为目的，在签订、履行合同过程中，以虚构事实或隐瞒真相的方法，骗取当事人财物数额较大的行为。合同中的一方当事人没有履行或者没有完全履行合同，使对方受到损失，并且一方在签订合同时可能有某些欺骗性的因素，则属于合同欺诈，否则为合同纠纷（违约），二者有着本质的不同。合同纠纷（违约）与合同欺诈的根本不同点在于行为人有没有履行合同的诚意，即是否具有非法占有对方当事人财物的目的。如果没有这一非法占有的目的，只是在履行合同过程中未充分履行合同义务，只能定性为合同纠纷。

本案中，原告方对本次旅游的不满意之处在于酒店住宿情况与约定不符。双方签订的合同附件以较醒目的字体标注"全程四星，升级两晚五星"，对被告方具有约束力，但在旅游合同实际履行过程中，被告方提供入住的酒店仅有一晚为四星，属于《最高人民法院关于审理旅游纠纷案件适用法律若干问题的规定》第十七条中"旅游经营者擅自降低旅游服务标准"的行为，应该承担违约责任，具体赔偿数额，依照被告的违约程度、违约项目在整个旅游行程中所占比例等因素酌情确定。但鉴于原告方未能证明被告方存在欺诈的主观故意，就此认定欺诈的依据不足。

（二）是否强迫参与自费项目

《旅游法》第四十一条第二款规定："导游和领队应当严格执行旅游行程安排，不得擅自变更旅游行程或者中止服务活动，不得向旅游者索取小费，不得诱导、欺骗、强迫或者变相强迫旅游者购物或者参加另行付费旅游项目。"作为导游人员应当严格遵守《导游人员管理条例》等法规和规章制度，依照国家标准《导游服务质量》的规范要求，严格执行旅游团队接待计划，切实做到诚信服务和提供优质旅游服务，不得为牟取个人利益而擅自增减旅游项目欺诈游客消费。《导游人员管理条例》第十五条规定："导游人员不得向旅游者兜售物品或者购买旅游者的物品。"第十六条规定："导游人员进行导游活动，不得欺骗胁迫旅游者消费或者与经营者串通欺骗旅游者消费。"在本案例中，原告参与的是有购物和自费项目的旅游产品，被告方已尽到提示说明义务，由于原告方未能提供充分证据证明被告存在强迫其参与自费项目的行为，且在其实际参加了自费项目后，又以没有签字确认为由主张不承担费用，缺乏依据，法院未予支持。

三、专家建议

对于游客来说，在与旅行社签订合同时不仅要关心报价，更要了解清楚旅游合同具体内容。首先，旅游者在购买旅游产品之前，要认真查看旅游合同条款和行程单，确认无异议后方可签订，同时可要求开具正规发票。行程单中如涉及自费和购物，游客应充分了解细节，如自费项目所含具体内容、购物店停留时间等，避免产生不必要的纠纷。其次，游客应学习掌握有关消费者权益保护方面的知识，对旅游过程中发生旅行社擅自降低旅游服务标准或强制购物的纠纷，依照双方签订的合同及有关约定进行协商，也可向所在地的旅游部门进行投诉。最后，购物时要选择适合自己的产品，不要轻信导购的说辞，遇价格过高的产品时，要理性消费、谨慎购买，购买后要清楚退货渠道及方式并保留好购物小票、发票等证据，以便维权。

四、关联法条

《旅游法》第六十九条、第七十条;《最高人民法院关于审理旅游纠纷案件适用法律若干问题的规定》第十七条;《最高人民法院关于民事诉讼证据的若干规定》第二条。

旅行途中遭遇车祸谁来赔

近年来，旅游业一直是当今世界规模较大、发展较快且关联较广的综合性产业。在新冠疫情之后，我国迎来了新一波旅游热潮。然而，"行车走马三分险"，旅游人员的流动性、旅游地点的异地性与旅游项目的风险性也使得旅游活动中存在着诸多的风险和纠纷。若旅游者在异国他乡旅游时不幸受伤，谁应当承担赔偿责任？保险又如何保障权益？应当如何维护自身合法权益？这些问题值得重视。

一、案例简介

（一）基本案情

2016年10月27日，包括谭某在内的8名旅游者与B旅游公司签订《团队境内旅游合同》，双方约定"线路行程时间"为"出发时间2016年10月29日……结束时间2016年10月30日……共2天，饭店住宿一夜"；"旅游费用及支付"为"499元/2人"。合同签订后，谭某某等8人交纳了旅游费，在B旅游公司出具的《旅游文明安全告知与特别警示》和《接待计划书》上签字予并以确认。2016年10月29日，B旅游公司安排王某驾驶车辆送谭某等8人外出旅游。王某驾车行至某路段时，因违反操作规范，不慎与道路左侧中心隔离护栏相撞，致使车辆侧翻，造成车辆和公共财物受损，谭某在内的4名旅游者受伤。事故发生后，王某和B

旅游公司工作人员将谭某送至市中心医院治疗，并垫付了大部分医疗费用。对于后续的赔偿问题，王某、B旅游公司及C保险公司、D保险公司则产生较大争议，无法达成一致。谭某认为王某、B旅游公司及C保险公司、D保险公司均应在各自责任范围内承担相应的责任。为维护其自身合法权益，遂诉至法院，请求判令王某、B旅游公司赔偿医疗费、误工费、护理费等相关费用共计15万余元，C保险公司、D保险公司在其保险责任范围内承担赔偿责任。①

（二）法院裁决

1. 一审判决

一审法院首先明确了谭某因此次旅游途中的道路交通事故所致人身损害而遭受的损失金额合计为20917.6元。此外，法院认为B旅游公司和王某作为旅游经营者和旅游辅助服务者未尽到安全保障义务，造成谭某人身损害、财产损失，二者应当共同承担责任；由于B旅游公司为谭某投保了旅游意外伤害保险，且C保险公司并未就保险合同中的免责条款履行法定的告知义务，C保险公司作为保险人理应在其承保的责任范围内对谭某的损失承担保险理赔责任。遂判决C保险公司赔偿B旅游公司4516.25元，赔偿谭某12869.59元，驳回谭某的其他诉讼请求。

2. 二审判决

一审被告C保险公司因不服一审判决提起上诉。二审法院认为误工费、护理费、交通费等其他费用属于保险免责条款明确约定的"直接用于治疗的必要的、合理的治疗费用之外的费用"，上诉人C保险公司无须对谭某除医疗费之外的各项损失承担保险赔

---

① 详可参见湖南省湘潭市中级人民法院（2017）湘03民终1376号民事判决书。

偿责任，一审法院将谭某医疗费用之外的各项损失判令由上诉人承担，存在不当，予以纠正。判令撤销原判，C保险公司赔偿谭某7481.7元，王某、B旅游公司共同赔偿谭某13435.9元，驳回谭某其他诉讼请求。

二、以案说法

（一）请求权竞合

提供交通运输服务的旅游辅助服务者导致旅游者受伤，从而导致旅游经营者违约，构成侵权之诉和违约之诉的竞合，当事人可选择其一行使请求权。本案中，原告作为旅客在旅游过程中发生交通事故导致人身损害，被告作为旅游经营者未提供符合保障旅游者人身及财产安全要求的服务，应当认定被告未能完全、适当地履行合同义务，已经构成违约，原告选择旅游合同法律关系作为其主张权利的基础并无不当。

（二）赔偿主体及具体的赔偿范围

《最高人民法院关于审理旅游纠纷案件适用法律若干问题的规定》第七条第一款规定："旅游经营者、旅游辅助服务者未尽到安全保障义务，造成旅游者人身损害、财产损失，旅游者请求旅游经营者、旅游辅助服务者承担责任的，人民法院应予支持。"本案谭某与B旅游公司签订《团队境内旅游合同》并支付了旅游费用后，双方依法成立旅游合同关系，理应依照合同约定履行各自义务。王某系受B旅游公司安排为谭某提供旅游服务的旅游辅助服务者，在其为旅游者提供旅游服务的过程中，负有确保旅游者人身和财产安全不受侵害的责任。本案所涉道路交通事故，系B旅游公司和王某未尽到安全保障义务所致，故对谭某要求B旅游公司和王某共同赔偿其损失的诉讼请求予以支持。

由于 B 旅游公司为谭某投保了旅游意外伤害保险，C 保险公司作为保险人理应在其承保的责任范围内对谭某的损失承担保险理赔责任。对于谭某的其他损失，应由 B 旅游公司和王某共同承担赔偿责任。而王某在 D 保险公司为车辆投保车乘人员责任险时，明确表明该车辆的使用性质为非营业，而本案所涉道路交通事故发生时，王某正使用该车辆从事旅游服务这一经营性活动，故不属于保险合同约定的理赔范围，D 保险公司无须承担赔偿责任。

（三）保险合同的条款说明义务

《最高人民法院关于适用〈中华人民共和国保险法〉若干问题的解释（二）》第十二条规定："通过网络、电话等方式订立的保险合同，保险人以网页、音频、视频等形式对免除保险人责任条款予以提示和说明的，人民法院可以认定其履行了提示和明确说明义务。"本案中签订的保险合同中，保险责任部分第四条中明确约定："保险人只承担直接用于治疗的必要的、合理的治疗费用的保险金给付责任。"投保人 B 旅游公司在网上投保时已按流程完成全部操作，虽然在进行勾选条款提交投保单操作时，只需在"我已认真阅读客户告知书、保险条款、网上投保注意事项"一栏进行勾选，无须具体阅读保险条款即可完成投保手续，但 B 旅游公司已完成勾选程序，故应视为其已经阅读了保险条款，应当受到条款内容的约束。故依据保险责任范围及保险条款中以上约定，C 保险公司对谭某除医疗费之外的各项损失，无须承担保险赔偿责任。

三、专家建议

若在跟团旅游期间发生车祸等意外，对旅游者来说保险将变得至关重要，无论是旅行社责任保险还是旅行意外险，对于旅游者来说都是有力的保障。旅游者在每次出游时也可以自己购买旅游保险，同时仔细察看条款内容，不明含义条款及时请求释明，维护自身合法权益，根据所购买保险的条款约定，在旅途中发生意外事故时也可以获得相应赔付。在救援、医疗过程中所产生的费用，也需要保存好发票、病历等报销材料，以备后续索赔。

四、关联法条

《民法典》第四百六十五条、第五百零九条、第五百七十七条；《最高人民法院关于审理旅游纠纷案件适用法律若干问题的规定》第七条、第二十一条；《最高人民法院关于适用〈中华人民共和国保险法〉若干问题的解释（二）》第十二条；《民事诉讼法》第一百四十四条、第一百七十条。

旅行途中遭遇人身损害怎么赔

随着生活水平的提高与交通工具的改善，旅游已经成为人们满足休闲、社交、探索等需求的不二选择。旅游经营者推出的旅游服务产品常令人眼花缭乱，给旅游者带来无限遐想。想象是美好的，现实却可能很残酷，近年来屡屡发生的旅游安全事故，无疑给旅游者敲响警钟。旅游者身处"异国他乡"，"衣食住行"或被安排，或受推荐，应处处留心，不要让自己身处险境。

一、案例简介

（一）基本案情

2016 年 6 月 14 日，甲旅游公司与马来西亚乙旅行社签订马来西亚旅游接待服务合作协议书。2017 年 1 月 23 日，魏某在某网站向甲旅游公司购买 2 份 "马来西亚沙巴亚庇环滩岛 1 日 /2 日午餐酒店接送浮潜旅游旅行"。因在旅游途中发生沉船事件，魏某之妻张某在该事件中死亡，死亡原因为溺死。为此，魏某与张某之母韩某向北京市某区法院提起诉讼，称甲旅游公司明知其提供服务存在缺陷仍坚持销售，请求法院判决甲旅游公司赔偿魏某与韩某丧葬费、死亡赔偿金、被抚养人生活费、精神损失费、交通费共计 247 万余元，甲旅游公司赔偿惩罚性赔偿金 321 万余元。①

---

① 详可参见北京市第二中级人民法院民事判决书（2020）京 02 民终 11523 号民事判决书。

（二）法院裁决

1. 一审判决

一审法院认为，魏某与张某与甲旅游公司形成了事实上的旅游合同关系，对于原告产生的合理损失，应由被告进行赔偿。丧葬费、死亡赔偿金、交通费于法有据，法院予以支持；关于被抚养人生活费、精神损害赔偿金，法院予以酌情调整；关于双倍惩罚性赔偿，原告该主张依据不足，法院不予支持，判决甲旅游公司赔偿魏某与韩某丧葬费、死亡赔偿金、被抚养人生活费、精神损失费、交通费共计 201 万余元。

2. 二审判决

魏某与韩某不服一审判决，上诉请求改判甲旅游公司支付惩罚性赔偿金 321 万余元；甲旅游公司上诉请求驳回魏某与韩某一审全部诉讼请求。二审法院认为，一审判决认定事实清楚，适用法律正确，维持原判。

二、以案说法

本案的争议焦点有二：一是甲旅游公司是否应对魏某、韩某的相应损失承担赔偿责任；二是本案是否适用惩罚性赔偿相关法律规定。

（一）责任承担主体的认定

根据《最高人民法院关于审理旅游纠纷案件适用法律若干问题的规定》第十三条第一款的规定，与旅游者签订旅游合同的经营者将其部分旅游业务委托旅游目的地经营者的，因受托经营者未尽合同义务，旅游者在旅游过程中受到损害，有权要求委托经营者承担赔偿责任。

本案中，甲旅游公司认为，事故是在马来西亚乙旅行社提供服务过程中发生的，侵权人为该旅行社，魏某与韩某不得向甲旅游公司主张赔偿。根据上述法律规定，魏某在网络平台向甲旅游公司订购了马来西亚相关旅游产品，甲旅游公司将旅游目的地接待工作委托给马来西亚乙旅行社负责。在该马来西亚旅行社提供旅游服务过程中发生沉船事件，导致张某溺亡的严重后果。魏某与韩某向签订旅游合同的甲旅游公司主张赔偿，甲旅游公司应当承担赔偿责任。

（二）惩罚性赔偿规定的适用

在旅游安全事故中，旅游者往往依据《消费者权益保护法》第五十五条第二款主张惩罚性赔偿，也即经营者明知服务存在缺陷仍然向消费者提供，造成消费者或其他受害人死亡或健康严重受损的，受害人有权要求所受损失两倍以下的惩罚性赔偿。本案中是否认可韩某与魏某惩罚性赔偿主张的关键在于甲旅游公司是否明知其提供的旅游服务存在缺陷仍然向消费者提供，魏某与韩某应对甲旅游公司明知仍提供服务的主张承担举证责任，证明：（1）甲旅游公司提供的旅游服务或产品存在危机人身安全的不合理危险；（2）甲旅游公司主观上明知存在此危险。服务存在危及人身的不合理危险是客观事实，应当分析具体事故的发生原因，评估旅行社服务行为是否符合行业标准、法律规定，受害者可以提供事故调查报告或证人证言作为证据证明经营者服务存在缺陷。对于经营者是否"明知"，需要根据经营者相关安全事故历史记录、经营者的专业程度与具体服务行为等进行判断，受害者可以考察经营者是否存在反常行为，如故意隐瞒风险情形、故意藏匿有缺陷的设备或产品等。

本案中，魏某与韩某未提交充分有效的证据对甲旅游公司存在上述情形予以证明，其关于适用惩罚性赔偿的主张，法院无法支持。

三、专家建议

旅游服务有的时间长、范围广，稍不注意就会给人身安全带来危害，这就要求旅游者在选择旅游产品时要更为谨慎，要选择大型、规范的旅游经营者；对合同中关于交通、饮食、住宿等相关安排提前了解，对旅途中可能的风险及经营者的责任承担进行确认；在旅途中，多拍照、多"留证"，欣赏美景的同时不忘留心导游的动向。更重要的是，在保障自身安全的前提下选择合适的旅游景点、旅游项目，掌握基本的求生技能，将命运掌握在自己手中。

四、关联法条

《最高人民法院关于审理旅游纠纷案件适用法律若干问题的规定》第十三条、第七条；《消费者权益保护法》第五十五条；《消费者权益保护法实施条例》第四十九条；《民法典》第一百一十条、第一千一百六十五条、第一千一百七十九条。

旅行社未按合同约定提供服务怎么赔

旅游行程、旅游景点、旅游服务项目和旅游服务标准是旅游合同中最为关键的条款，是旅游者选择旅游产品时最为看重的品质。旅游经营者们将自己的产品冠以"至尊、豪华"，吹得天花乱坠，却往往在实际提供服务时"偷工减料"；而且旅游者能不能享受自己幻想中的完美旅程还需看老天的"眼色"，遇上灾害天气、突发事件，旅行社也没辙。面对旅游合同未履行、履行不符合约定的情形，旅游者要勇敢维护自己的权益。

一、案例简介

（一）基本案情

2018年8月22日，胡某与甲旅游公司线上签订《旅游合同》，并支付旅游费用4280元。《合同附件》约定：旅游服务期间为2018年10月1日至10月6日，旅游目的地为四川省；《旅游合同》约定：甲旅游公司未按约定提供服务或擅自调整行程，造成项目减少、时间缩短、标准降低的，应当采取补救措施，否则承担赔偿责任。2018年8月27日，甲旅游公司（甲方）与乙旅行社分社（乙方）签订《委托接待合作协议》，约定由乙方负责甲方旅游团的出行、接待与购买保险。旅行过程中，胡某发现承诺的35人精品小团变成了80多人的大团，约定提供的四星级酒店变更为商务酒店。后由于天气原因，旅行于10月3日提前结束，10月4

日，胡某与甲旅游公司达成协议：退还未产生的费用，甲旅游公司先行垫付 1000 元。2018 年 10 月 10 日，甲旅游公司退还胡某团费 1000 元、稻城亚丁门票 270 元。胡某以甲旅游公司擅自转让旅游业务、降低服务标准、对灾害天气未尽注意义务为由，请求法院判决甲旅游公司返还旅游费 3280 元，支付违约赔偿金（三倍旅游费用）12840 元，并由乙旅行社承担连带责任。①

（二）法院裁决

1. 一审判决

一审法院认为，甲旅游公司应当退还胡某未发生的旅行费用以及降低服务标准的差价，根据合同实际履行情况与甲旅游公司已经退还的 1270 元，确定剩余返还费用为 1996 元；甲旅行社擅自变更主要合同内容、降低服务标准，属于违约，应当退还相应差价并赔偿损失 1000 元；驳回胡某其他诉讼请求。

2. 二审判决

甲旅游公司不服一审判决，提出上诉。上诉请求：撤销一审判决，驳回胡某全部诉讼请求或发回重审。二审法院认为，一审判决认定事实清楚，适用法律正确，应予维持。

二、以案说法

本案的争议焦点主要有三：一是甲旅游公司是否应当退还旅游费用，是否应当赔偿胡某损失；二是本案是否适用旅游费用 3 倍赔偿金的规定；三是乙旅行社是否应当承担连带责任。

（一）退还费用与赔偿的确定

根据《最高人民法院关于审理旅游纠纷案件适用法律若干问

---

① 详可参见北京市第三中级人民法院（2020）京 03 民终 5053 号民事判决书。

题的规定》第十五条第一款规定，旅游经营者违反合同约定，有擅自变更行程、减少服务项目、降低服务标准等行为，旅游者可以请求旅游社赔偿未发生的费用。《旅游法》第七十条对旅行社履约不符合约定的赔偿责任作出了规定。《旅游法》第六十七条规定，旅行途中发生不可抗力、不能避免的事件的情形，合同不能完全履行的，旅游者有权选择变更合同或解除合同；因合同变更减少的费用退还旅游者，合同解除的，旅行社应当扣除已经支付且不能退还的费用后将余款退还旅游者。

本案中，甲旅游公司擅自降低服务标准的行为属于违约行为，应当赔偿胡某损失，并退还胡某差价；对于因灾害天气导致的旅行服务不能继续的，应当根据合同实际履行情况确定甲旅游公司退还的费用，包括未发生的费用以及旅行社已经支付给地接社、履行辅助人但能够退还的费用（门票、食宿费、交通费等）；由于旅行行程已经开始，胡某不能主张旅游费用的全部退还，甲旅游公司也不能以不可抗力为由主张拒绝退还剩余费用。

还需注意的是，因灾害、事故等不能抗拒、难以避免的事件导致旅游者滞留的，旅行社应当采取安全措施、安置措施，因此增加的食宿费用，应由旅行社承担。

（二）旅游费用三倍赔偿金的适用

根据《旅游法》第七十条的规定，旅行社能够履行合同，但经旅游者要求仍拒绝提供服务，且该拒绝履约的行为造成了旅游者人身损害、滞留等严重后果的，旅游者可以请求旅行社支付赔偿金，赔偿数额的范围为旅行费用的一倍以上三倍以下。可见，赔偿金条款的适用条件非常严格，如果旅行社已经不具备履约能力、旅游者并未要求继续提供服务或者旅行社拒绝履约的行为未造成严重后果，则不能适用本条赔偿金规定。本案中，由于天气原因，旅行社已不具备继续带团的能力，且双方于10月4日签订的协议可以看出胡某同意旅行社不继续提供服务，因此本案中法院驳回了胡某三倍旅游费用的赔偿请求。

（三）连带责任的适用

《最高人民法院关于审理旅游纠纷案件适用法律若干问题的规定》第十条规定，旅行社擅自转让旅行业务给其他旅行社的，旅游者可以就其遭受的损害请求二者承担连带责任。本案中甲旅游公司与乙旅行社分社签订的《委托接待合作协议》并非转让旅行业务，而是组团社与地接社之间的合作约定；同时，上述连带责任的适用情形为侵权责任而非违约责任，因此胡某不得请求乙旅行社承担连带责任。

依据《旅游法》第七十一条规定，由于地接社、履行辅助人原因造成违约的，旅游者只能向组团社请求赔偿；如果地接社、履行辅助人的行为侵害旅游者人身与财产权益的，旅游者可以自行选择由地接社、履行辅助人承担责任或者由组团社承担责任。因此，本案中胡某只能请求甲旅游公司承担责任。

三、专家建议

旅游者在挑选旅游产品时，不要被页面上"美颜"过度的描述照片所迷惑，仔细阅读文字说明，多翻翻已经购买过此产品的旅游者的评价；在签订旅游合同时，确保对每一天、每一地点的服务内容与标准都有详细约定，合同内容最好直接提供实际住宿、餐饮、娱乐等服务的经营者的名称与地址，严禁对服务内容与标准进行语焉不详的描述，充分尊重旅游者的知情权与选择权；在旅游途中，旅游者发现旅行社有违约行为，导致服务内容减少、标准降低的，要敢于"抗议"，要求旅行社及时采取补救措施，不要让本该完美的旅行草草完结。

四、关联法条

《最高人民法院关于审理旅游纠纷案件适用法律若干问题的规定》第十条、第十五条;《旅游法》第六十七条、第七十条、第七十一条。

八、医疗美容纠纷

被虚假医疗美容宣传广告误导怎么办

近年来，随着人们对美的追求不断提升，医疗美容行业蓬勃发展，市场上涌现出众多医疗美容广告。然而，在这个追求美的行业中，也存在诸多虚假宣传行为。一些不良商家为了追求利益，不惜夸大宣传，甚至采用欺诈手段欺骗消费者。作为消费者，必须对市场上的医疗美容广告保持警惕，在追求美丽的道路上，要学会辨别真假，远离欺诈陷阱，选择正规的医疗美容机构和信赖专业的医生，让美丽绽放于内心的光芒，而非表面的浮华。

一、案例简介

（一）基本案情

原告王某某诉称，舟山市某美容会所发布虚假宣传广告误导消费者，故意夸大"美雕"项目的美容效果，隐瞒"美雕"项目属于医疗美容服务的信息，该美容会所和工作人员均不具备相应医疗美容资质的事实，导致原告王某某基于对美容会所的信赖，在2021年1月至3月期间进行了三次充值消费，并接受"美雕"项目服务，致使王某某脸部皮肤受损。经查明，舟山市某美容会所的经营范围为美容服务。2021年12月2日，舟山市定海区卫生健康局作出行政处罚决定，认定该美容会所为原告提供的"深修复"的项目即为"美雕"项目，属于《医疗美容项目分级管理目录》中的微创治疗项目，舟山市某美容会所未取得《医疗机构执业许可证》，并使用非卫生技术人员擅自开展医疗美容服务。①

（二）法院裁决

1. 一审判决

一审法院判决舟山市某美容会所退还王某某美容服务费 37000 元，并支付赔偿款 105000 元，合计 142000 元。

2. 二审判决

一审宣判后，舟山市某美容会所提出上诉，二审法院驳回了上诉，维持原判。

（三）以案说法

本案的争议焦点主要有三个：一是医疗美容服务的认定标准；二是美容机构提供非法美容服务是否构成欺诈；三是惩罚性赔偿的计算标准。

1. 医疗美容服务的认定标准

《医疗机构管理条例实施细则》第八十八条规定："医疗美容：是指使用药物以及手术、物理和其他损伤性或者侵入性手段进行的美容。"《医疗美容服务管理办法》第二条规定："医疗美容是指运用手术、药物、医疗器械以及其他具有创伤性或者侵入性的医学技术方法对人的容貌和人体各部位形态进行的修复与再塑。"根据类型划分，医疗美容可分为美容外科、美容牙科、美容皮肤科和美容中医科。随着科技的发展，医学技术方法和美容手段越来越丰富，医疗美容服务和生活美容服务的界限也变得模糊，判断美容机构提供的美容服务是否属于医疗美容，不仅需要看美容服务是否采用手术方式或使用医疗器械，关键在于美容机构是否使用了损伤性或入侵性的手段。无论医疗美容机构所使用的工具属

---

① 详可参见浙江省舟山市中级人民法院（2022）浙 09 民终 342 号民事判决书。

于医用器械、药物还是家用仪器、材料，其实施医疗美容的性质并不因所用工具的属性而改变，美容机构使用损伤性或者侵入性手段开展经营性美容服务，均应认定为医疗美容。

《医疗美容服务管理办法》第八条规定："美容医疗机构必须经卫生行政部门登记注册并获得《医疗机构执业许可证》后方可开展执业活动。"《医疗美容服务管理办法》第十四条规定："未经卫生行政部门核定并办理执业注册手续的人员不得从事医疗美容诊疗服务。"因此，美容机构未取得《医疗机构执业许可证》并经登记机关核准开展医疗美容诊疗科目，是不能开展医疗美容服务的。本案中，舟山市某美容会所及其工作人员不具备相应医疗美容资质，使用损伤性手段对王某某的脸部皮肤进行美容，属于非法医疗美容，应承担相应法律责任。

2. 美容机构宣传或隐瞒非法医疗美容服务的相关信息构成欺诈

欺诈行为，是指经营者在提供商品或者服务中，采取虚假或者其他不正当手段欺骗、误导消费者，使消费者的合法权益受到损害的行为。《消费者权益保护法》第八条第一款规定："消费者享有知悉其购买、使用的商品或者接受的服务的真实情况的权利。"第二十条第一款规定："经营者向消费者提供有关商品或者服务的质量、性能、用途、有效期限等信息，应当真实、全面，不得作虚假或者引人误解的宣传。"本案中，美容机构对医疗美容服务进行宣传或发布广告，含有虚假或者引人误解的内容，夸大所提供服务的性能，同时，美容机构向消费者隐瞒其服务属于医疗美容服务的性质，以及美容机构和工作人员均不具备医疗美容资质的情况，均应视为欺诈。

3. 惩罚性赔偿的计算标准

《消费者权益保护法》第五十五条第一款规定:"经营者提供商品或者服务有欺诈行为的,应当按照消费者的要求增加赔偿其受到的损失,增加赔偿的金额为消费者购买商品的价款或者接受服务的费用的三倍;增加赔偿的金额不足五百元的,为五百元。法律另有规定的,依照其规定。"与医疗美容相关的纠纷中,以下两种情况相对多见:第一,美容机构通常在提供医疗美容的同时提供生活美容服务,美容机构具有提供生活美容服务的资质,因此,在认定三倍赔偿的金额时,通常需要区分生活美容服务和医疗美容服务的消费金额。美容机构违规提供医疗美容服务构成欺诈的,不会简单推定其在提供生活美容服务时也必然存在欺诈行为,通常会扣除消费者用于合法生活美容消费的费用后,作为三倍赔偿的基数。第二,法院通常会将证明生活美容消费金额的举证责任分配给美容机构,若美容机构无法证明消费者的消费金额系用于与医疗美容服务无关的合法产品或服务,则法院会将消费者实际支付的款项作为其受欺诈而接受医疗美容服务的费用,计算美容机构应退还的费用和惩罚性赔偿金额。

本案中,法院在确定原告王某某为非法医疗美容服务支付的费用时,鉴于舟山市某美容会所具备提供生活美容服务资质,且王某某无法证明舟山市某美容会所在提供生活美容服务时存在欺诈行为,故法院在计算惩罚性赔偿金额时,扣除了王某某用于合法生活美容消费的费用。此外,由于舟山市某美容会所无法证明王某某所充值的 35000 元系用于消费非法医疗美容项目外的其他商品或服务,故法院最终按照王某某实际支付的金额 35000 元计算惩罚性赔偿。

三、专家建议

美容可以分为生活美容和医疗美容，二者区分的核心在于专业性不同。生活美容主要是通过化妆品、保健品和非医疗器械等非医疗性手段进行护理或保养，以追求美的效果，常见的美甲、面部保湿、面部精油按摩、肩颈疏通等均属于生活美容。医疗美容则不同，它是指运用手术、药物、医疗器械以及其他具有创伤性或者侵入性的医学技术方法对人的容貌和人体各部位形态进行的修复与再塑。提供医疗美容服务的美容机构不仅需要取得营业执照，还需要获得《医疗机构执业许可证》，同时，提供医疗美容服务的人员还需要取得相应的医疗美容资质。消费者在接受医疗美容服务前，应认真核对提供服务的机构是否取得了《医疗机构执业许可证》，以及其服务人员是否有医疗美容资质，切实维护自身的权益。

四、关联法条

《医疗美容服务管理办法》第二条、第八条、第十四条;《医疗机构管理条例实施细则》第八十八条;《消费者权益保护法》第八条、第二十条、第五十五条;《消费者权益保护法实施条例》第四十九条;《侵害消费者权益行为处罚办法》第五条、第十六条、《广告法》第二十八条、第五十五条。

遇到美容机构的欺诈行为怎么办

美容服务在现代社会中越来越受欢迎，其中生活美容和医疗美容是两种主要类型。虽然它们都旨在提升个人外貌，但两者之间存在本质区别。医疗美容行为必须遵守卫生健康行政主管部门对医疗执业或从业的要求，应由具有执业资格的医务人员在医疗机构进行，否则属于违法行为。面对这种违法行为，消费者应勇敢地维护自己的权益。

一、案例简介

（一）基本案情

2017年10月13日，原告冯某至被告某美容院进行美容服务消费，在下午4：50—6：33期间，五次共刷卡消费182700元。被告某美容院当天出具的消费单载明的项目保养名称有：韩美眼眉套提升保养（青春定格）20年，员工打版价86980元，韩美眼袋青春定格20年特批39800元，美脸提升保养（铃铛线5年50920元，预收款：院长打版177700元，实收款177700元。赠价值39000元全脸收紧（二年），赠价值49800元美下颌保养（五年），赠价值39800元美脸（三年）。

2017年10月14日，原告冯某与朋友至被告处讨要说法，双方发生言语冲突，冯某报警称于2017年10月13日到被告某美容院进行眼部开刀，开了四刀，当日原被告签订《退款补偿赔偿协议》载明：顾客冯某于 2017 年 10 月 13 日在被告某美容院做美眼提升与眼袋保养、脸部提升，被告某美容院给冯某退款赔偿后，免费给冯某做售后。

被告某美容院按照《退款补偿赔偿协议》向原告冯某退款 10 万元。

其后原告多次至昆明的眼科医院就诊，2017 年 10 月 16 日病历记录载明：双眼提眉切口，眼袋切口对合好。2017 年 12 月 9 日该眼科医院的 MR 检查报告单（腮腺平扫）影像学诊断为：双侧腮腺 MR 未见明显异常。双侧颌面部皮下软组织异常信号影，面部填充术后改变。①

（二）法院裁决

1. 一审判决

一审期间，法院依据原告冯某的申请向整形美容协会委托鉴定，该协会出具书面意见如下：（1）冯某双侧眉部有清晰可见手术后愈合痕迹；（2）冯某双下眼睑部有可见明显的手术后愈合痕迹；（3）眉部及双下眼睑部伤口愈合痕迹时间至少在半年以上甚至近一年的时间。

一审法院判决如下：（1）撤销原告冯某与被告某美容院于 2017 年 10 月 13 日签订的《消费合同》及于 2017 年 10 月 14 日签订的《退款补偿赔偿协议》；（2）被告某美容院于判决生效之日起 10 日内一次性退还原告冯某服务费 77700 元，并赔偿原告冯某损失 533100 元；（3）驳回原告冯某的其他诉讼请求。

2. 二审判决

宣判后，被告某美容院提出上诉。二审法院经审理后，驳回

---

① 详可参见云南省昆明市中级人民法院（2019）云 01 民终 7455 号民事判决书。

了上诉，维持原判。

（三）以案说法

本案的争议焦点主要有三个：一是被告某美容院是否对原告冯某实施了医疗美容行为；二是原告冯某诉请撤销的《消费合同》和《退款补偿赔偿协议》是否属于可撤销合同；三是原告冯某主张被告某美容院退还医疗美容费并三倍赔偿是否有法律依据。

1. 医疗美容行为的认定标准

根据《医疗美容服务管理办法》第二条规定，"本办法所称医疗美容，是指运用手术、药物、医疗器械以及其他具有创伤性或者侵入性的医学技术方法对人的容貌和人体各部位形态进行的修复与再塑"。被告某美容院向原告冯某提供的美容服务描述为"美眼眉套提升保养""美眼袋青春定格""美脸提升保养、铃铛线""美眼提升、眼袋保养、脸部提升"，被告某美容院的美容师将前述服务描述为用按摩手法配合美容仪器进行美容，以达到媲美铃铛线等医疗美容的效果，而原告坚持认为被告对其进行了手术。

在公安、卫生部门虽接受了举报但并未就该问题进行认定的情况下，原告提出了司法鉴定。一审法院委托整形美容协会就该问题进行鉴定，该协会专家委员会三位具有副主任、主任资格的医师对冯某进行了查体，从临床角度出具了冯某双侧眉部和双下眼睑部有手术后愈合痕迹及时间至少在半年以上甚至近一年的时间的意见。一审法院结合原告冯某在被告某美容院接受美容服务的内容，以及在美容服务后原告冯某至医院连续就医的情况和相关病历记录，形成证据链证明被告对原告进行了手术，被告进行的是医疗美容服务。

2. 消费者被美容机构欺诈签订的合同可以撤销

法院认为，被告某美容院在不具备相应服务资质的情况下，亦未向法院递交证据证明其在开展前述医疗美容手术前曾经就资质问题向原告冯某做出充分说明，其超资质开展医疗美容手术已构成故意隐瞒真实情况，而原告冯某作为一般消费者，并不具备医疗美容相关专业知识和清楚的认知，被告某美容院在原告冯某的前期咨询、手术方案确认等过程中故意隐瞒其不具备相关医疗美容资质的事实，诱导冯某付费并接受其医疗美容服务，在陷入错误认知的情况下与被告某美容院达成服务合同关系和后续的补偿赔偿协议，构成欺诈行为。因此，原告诉请撤销的《消费合同》和《退款补偿赔偿协议》属于可撤销合同，原告行使撤销权符合相关法律规定，

3. 消费者被经营者欺诈的可要求退一赔三

某美容院在未取得《医疗机构执业许可证》的情况下向原告冯某提供医疗美容服务，属于欺诈行为。根据《消费者权益保护法》第五十五条第一款规定，"经营者提供商品或者服务有欺诈行为的，应当按照消费者的要求增加赔偿其受到的损失，增加赔偿的金额为消费者购买商品的价款或者接受服务的费用的三倍；增加赔偿的金额不足五百元的，为五百元。法律另有规定的，依照其规定。"冯某有权要求某美容院"退一赔三"。

三、专家建议

美容机构故意隐瞒其不具备相关医疗美容资质的事实，诱导消费者付费并接受其医疗美容服务在日常生活中时有发生。当消费者意识到自己是在陷入错误认知的情况下签署了医疗服务合同以及其他相关合同时，应根据《民法典》的相关规定，积极主张

医疗美容机构存在欺诈行为，请求人民法院或者仲裁机构撤销合同，同时，消费者发现医疗美容机构存在欺诈行为时，还可以根据《消费者权益保护法》第五十五条第一款的规定，要求美容机构支付三倍惩罚性赔偿金。

四、关联法条

《民法典》第一百四十八条;《医疗美容服务管理办法》第二条;《医疗机构管理条例实施细则》第八十八条;《消费者权益保护法》第二条、第八条、第四十五条、第五十五条;《消费者权益保护法实施条例》第四十九条;《侵害消费者权益行为处罚办法》第五条、第十六条。

医疗美容失败怎么赔

爱美之心，人皆有之。随着民众生活水平和医疗技术的不断提升，人们对自身的形象开始有了更高的要求和期待，对美的向往愈发迫切，越来越多的人希望通过医疗美容行为来改善自己的外貌，医疗美容逐渐走进了人们的日常生活。医疗美容项目具有一定的侵入性、创伤性和风险性，作为消费者，在追求美貌的同时，也一定要意识到失败的医疗美容会徒增难以抹去的烦恼、痛苦的记忆，并且在权利救济上常耗时费力，务必谨慎对待。

一、案例简介

（一）基本案情

原告王某因外院假体隆鼻术后，对外形不满意，出现鼻穿孔，后至被告北京某医疗美容医院就诊，在 2019 年 1 月至 5 月期间，先后在被告医院进行"面部凹陷脂肪填充术""鼻假体取出术""鼻部扩张器取出术、肋软骨＋硅胶假体隆鼻术、带蒂唇黏膜瓣转移术、鼻中隔穿孔修复术"等相关整形手术，术后原告鼻子一直无法正常通气，无嗅觉且嘴巴歪斜。2019 年 6 月，原告在被告北京某医疗美容医院进行隆鼻术后修复、清创术治疗。2019 年 6 月 22 日，原告王某再次前往被告北京某医疗美容医院进行拆线，发现鼻部形态已非常难看，其后发现鼻子经常性出现不通气，且没有嗅觉的情况。2019 年 8 月期间，原告王某先后前往多家公立三甲医院耳鼻喉科就医，医生告知原告可能永远失去嗅觉，手术方案不适导致鼻中隔穿孔未修补好，上唇黏膜被破坏失去后期修复组织。2019年9月19日，原告前往北京某医院就医，发现鼻梁左偏，皮下触及假体，鼻小柱变矮扭曲，双侧前鼻孔不对称鼻尖缺损，左鼻腔完全粘连等症状。综上，原告王某认为，由于被告北京某医疗美容医院治疗方案错误，不合理、不规范的治疗给原告身心造成严重伤害。故此诉至法院。要求被告赔偿医疗费、护理费、交通费、住宿费、误工费、伤残赔偿金等合计549126.35元，精神损害抚慰金10万元。①

（二）法院裁决

一审审理期间，原、被告双方聘请的司法鉴定所出具了《鉴定意见书》，鉴定意见认为，北京某医疗美容医院在对原告王某的诊疗过程中存在过错，该过错与被鉴定人王某的损害后果有因果关系，属同等原因；被鉴定人王某伤残等级属九级；建议其误工期为60—90日，护理期为30日，营养期为30日。一审法院结合鉴定意见，酌情确定被告北京某医疗美容医院对原告王某的相关合理损失承担50%的赔偿责任。遂判决北京某医疗美容医院向王某赔偿医疗费4万元、护理费2700元、交通费1万元、住宿费12000元、住院伙食补助费300元、误工费15000元、营养费750元、残疾赔偿金（已含被抚养人生活费）159888元、复印费62元、精神损害抚慰金5万元、鉴定费18150元，共计308850元。

（三）以案说法

原告王某在被告北京某医疗美容医院整形过程中发生医疗损害，本案属于医疗损害责任纠纷案件。医疗损害直接针对人身发

---

① 详可参见北京市朝阳区人民法院（2020）京0105民初14571号民事判决书。

生，属于人身损害的范畴，但与一般的人身损害相比，医疗损害的认定更为复杂。实践中，导致医疗损害的原因往往比较复杂，既有医疗机构的过错行为，也有患者自身疾病发展所致，也有其他因素的介入。因此，医疗损害赔偿金额的确定，也是一个比较复杂的过程，需要对每个具体个案中的情形进行细致的分析，从而确定最终的赔偿金额。

《民法典》第一千一百七十九条规定："侵害他人造成人身损害的，应当赔偿医疗费、护理费、交通费、营养费、住院伙食补助费等为治疗和康复支出的合理费用，以及因误工减少的收入。造成残疾的，还应当赔偿辅助器具费和残疾赔偿金；造成死亡的，还应当赔偿丧葬费和死亡赔偿金。"实践中，法院通常依据《最高人民法院关于审理人身损害赔偿案件适用法律若干问题的解释》的规定，考虑以下因素，确定赔偿金额：（1）医疗损害造成的死亡、残疾等后果；（2）医疗机构的过失行为在医疗损害后果中的责任程度；（3）医疗损害后果与患者的原有疾病状况之间的关系。

三、专家建议

消费者碰到医疗美容失败，可以通过与医疗美容机构协商解决、通过医疗纠纷人民调解委员会调解解决，或者通过民事诉讼等方式维护自己的合法权益。消费者如果因为医疗美容机构的医疗美容行为导致身体受到侵害，可以基于侵权责任法律关系，要求医疗美容机构承担侵权责任，根据个案实际情况，要求医疗美容机构赔偿医疗费、误工费、住院伙食补助费、护理费、残疾赔偿金、残疾辅助器具费、被抚养人生活费、交通费、住宿费、精神损害抚慰金等。但是，金钱并不能补偿消费者因医疗美容失败而导致的痛苦以及为维权而花费的时间和精力，因此，在决定医疗美容前，不能仅期待变美的效果，更应对可能发生的失败有所了解，谨慎选择是否进行有创伤性的医疗美容行为。

四、关联法条

《民法典》第一千一百七十九条、第一千二百一十八条、第一千二百二十一条;《最高人民法院关于审理人身损害赔偿案件适用法律若干问题的解释》。

审美标准具有差异性，谨慎选择医疗美容

审美标准具有差异性，消费者在进行医疗美容手术前，应对手术内容进行充分了解，对风险进行充分的评估和考虑，尽可能在与医疗美容机构签订的合同里面对美容手术效果进行详细的约定，并仔细阅读医疗美容机构提供的知情同意书。消费者应认识到，在医疗美容机构的诊疗行为不存在过错，美容就诊者亦不存在损害后果，仅因美容就诊者单纯对美容手术效果不满意，而该美容手术效果并未违反合同约定，且无证据证明手术过程存在瑕疵，美容就诊者向法院主张损害赔偿的，法院通常不予支持。因此，消费者务必谨慎选择医疗美容。

一、案例简介

（一）基本案情

原告季某因双眼袋过大，希望通过医美技术进行医疗美化。2019 年 5 月 9 日，被告某医疗美容整形有限责任公司医师唐某为原告季某制定了医疗美容方案，即对眼袋进行眶隔脂肪释放术＋外切眼袋，并于当日实施手术。完成手术后，原告季某于 2019 年 5 月 16 日到被告某医疗美容整形有限责任公司处拆除术口缝合线并检查术口恢复情况。同月 28 日，原告季某眼袋出现脓肿，于次日至某市第一人民医院进行住院治疗 14 天，出院诊断"双眼下睑外翻"。这个结果让季某无法接受，季某为了修复双眼下睑外翻，

于 2019 年 8 月 21 日到北京某医疗美容医院进行治疗修复，花费了医疗费 41864.40 元、住宿费 1161.00 元、交通费 3440.00 元，但最终仍未达到季某预期效果。2019 年 9 月 23 日至 10 月 2 日期间，原告因重度抑郁发作到某市精神卫生中心进行心理疏导、治疗。①

（二）法院裁决

1. 一审判决

一审法院认为，当事人对自己提出的主张，有责任提供证据，否则应承担举证不能的责任。原告季某主张其出现眼睑外翻以及后期到北京某医疗美容医院和某市精神卫生中心治疗，均是因为被告某医疗美容整形有限责任公司为其实施的手术失败导致的后果。但在一审过程中，原告并未提交有效证据予以证明，也明确表示不申请鉴定，故关于原告季某主张的损害后果与被告某医疗美容整形有限责任公司手术行为之间的因果关系及程度大小，一审法院就现有证据无法进行认定。依照《民事诉讼法》第六十四条第一款和参照最高人民法院《关于民事诉讼证据的若干规定》第二条及国务院《诉讼费用交纳办法》第十六条、第二十九条之规定，判决驳回原告季某的诉讼请求。

2. 二审判决

宣判后，原告季某提出上诉。二审法院经审理后认为，原告季某在一审中提交的证据初步证明了其在被告某医疗美容整形有限责任公司接受了医疗美容，并实施手术的事实，但就原告的损害结果是否与被告的医疗行为具有因果关系，具有多大的因果关系仍需要通过鉴定才能确定，经一审法院向原告季某释明，原告季某明确表示不申请鉴定，致一审法院无法判断原告季某眼睑外

---

① 详可参见云南省昭通市中级人民法院（2022）云 06 民终 690 号民事判决书。

翻到北京某医疗美容医院和某市精神卫生中心治疗是否属于为被告某医疗美容整形有限责任公司的医疗行为所导致，其医疗行为的参与程度也无法确定。故一审判决以证据不足驳回上诉人诉讼请求并无不当。原告季某若有证据仍有权另行主张。二审法院驳回了上诉，维持原判。

（三）以案说法

本案的争议焦点主要有两个：一是被告某医疗美容整形有限责任公司对原告季某实施的医疗美容手术是否属于失败手术；二是原告季某出现眼袋脓肿及眼睑外翻症状以及其后期到北京某医疗美容医院和某市精神卫生中心治疗的损失是否与被告某医疗美容整形有限责任公司的手术行为有因果关系及关系程度大小。

1. 医疗美容手术失败的认定标准

被告某医疗美容整形有限责任公司的医师为原告季某实施的是对眼袋进行眶隔脂肪释放术+外切眼袋，该手术已经由被告医院的医师完成。关于手术效果，因原告季某进行的是整形美容手术，审美标准因人而异，而原、被告之间又未签订书面合同对手术效果进行约定，因此，关于被告某医疗美容整形有限责任公司实施的手术是否达到预期效果，手术是否失败，在一审法院向原告季某释明，原告季某明确表示不申请鉴定的情况下，一审法院无法认定。

2. 消费者损失与医疗美容机构的医疗行为之间是否存在因果关系的举证责任

原告季某主张其出现眼睑外翻以及后期到北京某医疗美容医院和某市精神卫生中心治疗，均是因为被告某医疗美容整形有限责任公司的医师先前为其实施的手术失败导致的后果，但季某并未提交有效证据予以证明，而在一审庭审中，原告季某也明确表示不予鉴定，故关于原告季某主张的损害后果与被告某医疗美容整形有限责任公司手术行为之间的因果关系及程度大小，一审法院就现有证据无法进行认定。

三、专家建议

医疗美容手术不同于传统的医疗手术，具有非紧迫性、非治疗性，但其作为手术的一种，同样存在相关的风险，且审美标准具有差异性，手术是否达到预期效果可能仁者见仁、智者见智。实务中，在医疗美容机构的诊疗行为不存在过错，消费者亦不存在损害后果，消费者仅单纯对美容手术效果不满意而向法院主张损害赔偿，法院一般不会支持。因此，消费者应对医美手术风险充分考虑，理性消费。

《最高人民法院关于审理医疗损害责任纠纷案件适用法律若干问题的解释》第四条第一款和第二款规定，"患者依据民法典第一千二百一十八条规定主张医疗机构承担赔偿责任的，应当提交到该医疗机构就诊、受到损害的证据。患者无法提交医疗机构或者其医务人员有过错、诊疗行为与损害之间具有因果关系的证据，依法提出医疗损害鉴定申请的，人民法院应予准许。"如果消费者认为医疗美容机构存在过错，应委托相关鉴定机构，对医疗美容机构是否存在过错，过错与消费者的损害后果之间是否存在因果关系进行鉴定，合法维护自己的利益。

四、关联法条

《民法典》第一千二百一十八条；《最高人民法院关于审理医疗损害责任纠纷案件适用法律若干问题的解释》第一条、第四条。

九、教育培训纠纷

培训机构擅自变更授课方式是否构成违约

1986 年，为了提高国民素质，国家开始实行九年义务教育，重点学校为了录取高质量生源，开始以提高分数或特长等其他方式提高录取门槛。在激烈的竞争下，教育培训机构应运而生，为学生或者成人在较短时间内获得更大提升提供了捷径。教育培训行业前景可观，据统计，2023 年我国教育培训机构数量超过 60 万家，涵盖了从幼儿园到博士研究生、课外辅导、出国留学、职业技能培训、艺术培训等多个领域，满足了不同年龄段、不同群体的需求，但培训行业鱼龙混杂，在"双减"和"疫情"等冲击下，培训机构违约甚至违法现象屡见不鲜，其中培训机构擅自变更培训方式是其中重要的一种。

一、案例简介

（一）基本案情

2021 年 5 月 9 日，谢某与成都某教育公司签订两份《学员服务协议》，分别约定监护人谢某为其子女报名并缴费，成都某教育公司为其子女提供英语教育服务。《学员服务协议》约定了报名缴费费用、退费手续（短期课程开课后不补课、不延期、不退费，短期类课程时效为报名之日起一年有效，逾期作废；常规班正式开课后一个月内可以予以退费，按照协议扣除已产生的课时费，退费金额 = 实缴金额 - 课程原价 / 课程总次数 × 已上课次数 - 赠

送的课程原价 - 赠送的礼品；如开课已超过一个月的，退费前需扣除费用总额 5% 的违约金，开课已超过课程三分之二的，则不予退费等）、协议有效期及课堂要求等。

2021 年 12 月 10 日，成都某教育公司在未和学员沟通的情况下直接发布通知称，其总部经研究决定对各分校教学资源进行全面整合，成都校区线下课程及线下活动全部暂停，所有课程改为线上授课，并对线上课程实行七五折进行课消、提供录播课等优惠政策，但是并未提及退费事宜。通知发布后，谢某不同意将线下课程转为线上授课，现成都某教育公司已无法满足谢某的需求，遂要求成都某教育公司退费。但该公司予以拒绝，经数次沟通后仍未达成协议，谢某将该公司诉至法院，要求成都某教育公司返还支付的培训剩余课时费。[①]

（二）法院裁决

一审法院认为，双方未就授课方式的变更事宜达成一致，故成都某教育公司无权单方面将授课方式从线下改为线上。谢某按照约定向该公司支付了费用，该公司亦应当按照约定向谢某指定的人员提供相应培训服务。但该公司于 2021 年 12 月关闭门店，导致谢某指定的人员无法以线下的方式上课，其行为构成根本违约，致使谢某的合同目的不能实现，双方之间的合同应解除，谢某有权要求成都某教育公司退还剩余课时费及支付逾期利息。最终判决成都某教育公司支付谢某剩余课时费、预期利息。判决后，双方均未上诉，该案已生效。

---

① 详可参见四川自由贸易试验区人民法院（2022）川 0193 民初 5181 号。

二、以案说法

本案的争议焦点为成都某教育公司的行为是否构成违约，谢某是否有权要求该培训机构返还剩余培训费用。

（一）违约的认定

根据《民法典》第五百七十七条规定，当事人一方不履行合同义务或者履行合同义务不符合约定的，应当承担继续履行、采取补救措施或者赔偿损失等违约责任。该条既规定了违约的构成要件也规定了一方违约时的责任承担。双方当事人订立合同是以互相信赖为基础的，都是为了达到合同预期的目的，而违约系一方当事人违反了合同中的单方或双方义务，导致一方的预期利益受损。违约的行为主要有不履行合同，不适当履行合同和迟延履行合同三种形式。本案中，谢某与成都某教育公司签订合同的目的系为其子女提供英语教育，使其获得更好的服务。众所周知，对教育培训而言，线下授课的方式优于线上授课，其费用也完全不同。但成都某教育公司在未征得当事人同意的情况下，即将授课方式由"线下"改为"线上"，违反了双方合同中约定的义务，侵害了谢某子女线下获取教育的机会，其行为构成不适当履行合同的违约。

（二）违约责任的承担

违约责任是《民法典》合同编的重要内容，同时是司法实践中最常见的问题之一，是衡量契约社会与信用社会的重要标尺。只要合同成立，可预见或不可预见的违约责任就会存在。《民法典》第 577 条规定，违约方应当承担履行违约、采取补救措施或者赔偿损失等责任。违约发生后，继续履行是违约方承担责任的首选方式。这种方式比采取补救措施、损害赔偿或支付违约金更能达到合同的目的。采取补救措施作为一种独立的违约责任形式，旨在纠正合同的不当履行（如质量不符合），从而消除履行缺陷。赔偿损失指一方因违约给另一方造成的财产损失的赔偿。损失赔偿的范围可以由法律直接规定，也可以由当事人约定（即违约金）。在本案例中，谢某与成都某教育公司签订的合同为有效合同，培训机构应按照合同约定的培训内容、培训方式全面履行培训义务，不得单方面变更。未经学生或家长同意擅自改变合同主要义务的履行方式，严重违反合同，其行为已构成违约，应承担相应的违约责任。

三、专家建议

首先，消费者在签订培训合同时，要详细阅读并充分了解合同的整体内容，不要只关注培训价格、优惠方式等。对实际培训内容、培训方式、培训教师资格、培训地点等也要知悉，对培训机构的培训内容、培训方式等是否适用自身条件进行事先评估，确定该培训是否能够达到预期的目的，只有在充分了解的基础上，加上实际的培训实践，才能分辨出培训机构是否按照合同内容实际履行了合同义务，是否存在擅自更改合同义务等内容。其次，如果存在培训机构擅自变更培训内容、培训方式时，要及时与培训机构沟通。如果沟通无效，培训机构的变更对受训者的权益造成实质性影响，导致合同目的无法实现，应及时通过诉讼等手段维护自身合法权益。

四、关联法条

《消费者权益保护法》第四条;《民法典》第五百六十三条、第五百六十五条、第五百六十六条。

"保过班"未通过时的处理规则

目前，教育培训市场上存在比较流行的一种"不过全退"协议，该类协议通常是培训机构针对某类专业考试或短期速成类应试，在受教育者经过培训后如果未能达到合同签订时的预期目标，则培训机构可以将所有费用一并退还。该类培训课程也称为"保过班"。"保过班"普遍存在于公考、研究生考试等我们所熟知的领域，也存在于中考、职业培训等相对小众领域，因该类培训方式费用高昂，但使消费者存在即使不过也没有损失的心理，具有很大的前景和市场。为避免不必要的损失，消费者在选择时也应该擦亮眼睛，理性购买，在备考过程中所付出的时间成本和机会成本也应予以慎重考量。

一、案例简介

（一）基本案情

2019 年 3 月 3 日，杨某某与黑龙江某培训学校签订《保过合同》，合同内容为：该学校重磅推出保上高中班项目，实行半托制、全托制。半托制：白天在学校上课，晚上和双休日在校辅导。全托制：中考前所有时间全权由学校安排进行辅导。全额收取教育费，全托制 39991 元，半托制 29991 元，此全额费不包括食宿及资料费用，达不到相应的报考分数线（分数线＝文化课＋小科＋体育），全额退学费（不退资料费及饭费）。报考时必须报三个以上学校，并且必须由黑龙江某培训学校和家长一起报，因个人报考失读不退费。该培训学校在合同中承诺杨某某之子刘某能够被大庆市第二十三中学、大庆市东风中学、大庆中学（配额）三所中学中的一所录取。合同还约定了双方的责任和不予退费的情况。协议签订后，杨某某之子刘某在该学校接受课程辅导。中考后，刘某因成绩未达分数线，未被大庆市第二十三中学、大庆市东风中学、大庆中学中的任何一所学校录取。杨某某以刘某未被《保过合同》约定的学校录取，没有实现合同约定的内容为由，要求黑龙江某培训学校退费，该学校予以拒绝。故杨某某诉至法院，要求返还学费。[①]

（二）法院裁决

1. 一审判决

一审法院认为，黑龙江某培训学校承诺杨某某之子刘某考取相应的高中，因刘某成绩不够未被录取，该学校应承担违约责任，按照《保过合同》的约定向杨某某全额退还辅导费用，故支持了杨某某的诉讼请求。

2. 二审判决

二审法院认为，根据黑龙江某培训学校与杨某某签订《保过合同》约定，该学校承诺保刘某考入大庆市第二十三中学、大庆市东风中学、大庆中学（配额）三所中学中的一所，但中考后，该学校所承诺的保过学校未能实现，在合同约定的退款条件成就时，培训机构理应按照合同约定履行退款义务。在培训机构不履行退款义务时，其行为已经构成违约，学员有权按照合同约定要求培训机构履行相应的义务。即应根据合同约定退还杨某某所交

---

① 详可参见黑龙江省大庆市中级人民法院（2020）黑06民终749号。

学费，故驳回了黑龙江某培训学校的上诉请求。

二、以案说法

本案涉及培训机构以"保过班"的名义向消费者进行宣传时的责任认定。

（一）"保过班"是否涉及虚假宣传

"保过班"的商业模式是对考试过程中通过考试的大概率的一种判断，一些培训机构为了获取不正当权益，纷纷推出"保过班""安全班"等具有蛊惑性、吸引力的语言夸大培训效果，但在签订正式协议时又在极力地避免这些词汇，严格限定了退班、退费的条件，或不当地提高了相应的门槛，或将符合通过的条件模糊化，增加退费困难。根据《中华人民共和国广告法》第二十四条规定，教育、培训广告不得含有对升学、通过考试、获得学位学历或者合格证书，或者对教育、培训的效果作出明示或者暗示的保证性承诺。由此可见，所谓能够"保过"、存在"保高校"的说法不但虚假，而且涉嫌违反《广告法》的明确规定，其行为涉及虚假宣传，系利用父母担心子女"输在起跑线"上的焦虑心理进行的一种营销手段。对违反上述规定的，市场监督管理部门可以根据该法第五十八条的规定责令停止发布广告、罚款等。

（二）"保过协议"是否有效

协议是合同的一类，根据《民法典》合同编的相关规定，只要合同系双方当事人的真实意思表示，合同的内容不违反法律、行政法规的强制性规定的即为有效合同。"保过协议"系双方基于真实意思表示签订的合同，应属有效，合同双方当事人应当按照合同约定行使权利、履行义务。在受培训者未达到合同约定的升学、分数等情形时，可以根据合同约定要求教育培训机构承担退费等责任。但是，值得注意的是，消费者在签订此类教育培训合同时，应着重审查合同中所约定的退款条款是否附有其他的特定条件，且所附特定条件是否清晰明确，尽量将相关的条件具体化，减少"保过""不过全退"等原则性的用语。例如，有的保过协议中约定"因非培训机构原因导致未能通过考试的不予退款"，但是对于什么情况为"非培训机构原因"每个人的理解不一，存在初试和复试的培训中，仅约定"达到初试分数线即符合培训目的"，该类约定未将复试成绩即最终录取分数纳入培训协议，故消费者在签订合同时应注意甄别，防止维权时产生障碍。

三、专家建议

目前，培训市场鱼龙混杂，除了我们所熟知的较为知名的培训机构外，还存在大量小型培训机构，有的培训机构为了吸引更多的学员参与培训，增加市场份额，推出"保过班"。从表面上看，该种经营策略加重了培训机构的合同义务，但同时培训机构能够在短时间内吸引大批学员，快速增加企业收益，因此该类培训班受到广大消费者的青睐。

消费者在选择时，应该首先充分调查并了解培训机构的资信情况、商业信誉及培训能力，避免草率签约导致的后续维权困难；"保过班"经常存在达不到培训效果的情况，自身努力才是成功的最主要方式，不要以报了"保过班"就存在高枕无忧的想法，认为"保过班"一定可以实现"保过"的目的；消费者在签订合同时要着重审查退费等条款，如约定"因非培训机构原因导致未能通过考试的不予退款"，要详细了解并尽量避免该类情况发生，防止维权时存在障碍，对列有"不过可以重读直至通过为止"的条款，要建议修改，否则存在无法退款的情形。

四、关联法条

《消费者权益保护法》第四条、第十六条;《消费者权益保护法实施条例》第五十条;《民法典》第五百零九条、第五百七十七条。

合同到期后学员未上课部分可以退费吗

教育培训合同一般为有期限的合同，即具有一定的履行期限，在约定的期限内完成合同约定的内容既属于双方的权利，也属于双方应尽的义务。设置合同有效期，既能够敦促培训机构尽快完成教学任务，也可以促使消费者在一定期限内接受培训，实现法律关系的正常和快速流转。因合同履行期限属于合同的重要组成部分，虽然教育培训机构的销售人员为了实现营销目的，在营销过程中经常会提到"过期再续""不用考虑期限问题"等推销话语，但对合同中明确写明了履行期限问题的培训合同，合同到期后学员未上课部分真的可以退费吗？

一、案例简介

（一）基本案情

2020年12月7日，陈某之母刘某与洛阳某舞蹈教育培训中心有限公司共同签订了一份《某舞蹈学校专用收据》，收据中载明由培训中心为陈某提供精品中国舞培训（集体课程），课程费用3360元，共96节课，有效期自2020年12月8日至2021年12月7日，报名后由工作人员统一协调，安排每周固定上课时间，学员需要请假时，由家长提前一天向老师以电话方式请假，一个月内可以由带班老师根据所缺课时内容安排补课，若因个人原因导致缺勤，不予补课。同日，双方签订《某舞蹈退费制》。该退费制约定：已经开始课程，但课程时间未达到全期三分之一者，学费退还百分之五十；课程时间未达到二分之一者，学费退还百分之三十；课程时间超过二分之一者，不接受任何退款……"2020年12月8日至2021年12月7日期间，该培训中心共计为陈某所在的舞蹈班级授课85节，但陈某实际上课63节，请假22节。因疫情防控、安全隐患排查等原因在有效期内未授课程为11节，培训中心就该部分未授课程（两个月）已通知刘某延期补课，补课时间延长了三个月，但陈某未再上课。现原告就未上的课程要求被告退款，后因双方无法协商一致诉至法院。①

（二）法院裁决

法院经审理认为，双方之间形成教育培训合同关系，双方均应按照约定履行各自的义务。根据洛阳某舞蹈教育培训中心有限公司提供的《某舞蹈学校专用收据》、《某舞蹈退费制》、学员考勤表，培训中心在有效期内计划授课96节，实际授课85节，原告实际上课63节，已超过课程的二分之一，故培训中心可不予退费。另外，培训中心未在有效期内提供96节课程系由疫情防控等不可抗力造成，非培训中心单方面违约，且培训中心已告知原告的母亲培训中心就该部分未上课程进行延期补课，原告因个人原因请假缺课亦不属于被告违约。故驳回原告陈某的诉讼请求。判决后，双方均未上诉，该案已生效。

二、以案说法

该案中，涉及教育培训中心提供的培训合同格式条款的效力问题。

---

① 详可参见河南省洛阳市洛阳区人民法院（2022）豫0311民初4483号。

（一）格式条款的认定规则

教育培训合同属于在先拟定，未与对方协商的可重复使用的合同，培训机构根据实际情况和盈利需要，对合同内容、教师资质、退费方式等有一定的考量及安排，该类单方制定的合同存在免责条款。《民法典》第四百九十六条规定了格式条款的制定规则，即应遵循公平原则，对与对方具有重大利益的格式条款，如免除或减轻其责任的规定，应履行合理提示和特别说明的义务，否则，对方可以主张该格式条款不成为合同的内容。同时，《民法典》第四百九十七条规定了格式条款绝对无效的情形，若合同中存在不合理免除或减轻合同提供者责任、加重对方责任、限制对方主要权利等。《消费者权益保护法》第二十六条也明确规定了经营者在格式合同中的提示说明义务等。

本案中，陈某之母刘某与洛阳某舞蹈教育培训中心有限公司签订的《某舞蹈退费制》中对退款情形进行了约定，该类"梯级式"的退费约定有一定的合理性，但也属于加重对方责任的情形，属于涉及对方重大利益的条款，同时，培训机构以单独签订合同的形式进行说明，也已对该条款以字体加粗加黑的方式进行了提示，能够吸引消费者的注意，应该成为合同的内容和条款。

（二）"过期不退"条款的效力认定

格式条款的效力涉及双方当事人的重大利益，属于审判实践中应当审慎审查的内容，应该坚持公平和合理的原则，维护双方当事人的权益，不能以格式条款属于格式条款制定者单方提供就一味地认定不合理。如果格式合同的提供者制定格式合同属于商业经营所必须，且已经尽到了合理的提示和说明义务，该条款应属有效，因此应当参考商业管理、合同具体内容、合同履行问题、双方的诚信情况、合同解释等进行考量。假如在培训合同中，培训机构单独确定双方发生争议时，争议解决方式为"向北京仲裁委员会申请仲裁"，且未对该条款进行任何明显提示，或者该类合同中存在"开课后一律不退款"等词语，且未明显提示消费者的，消费者可以主张该条款不成为合同的内容，因该类条款属于对当事人权利义务产生重大影响的条款。本案中，退费条款属于对受教育者有重大利益的条款，要判断培训机构是否限制并排除了刘某的主要权利或增加了其义务，除前文所述，培训机构除对该条款进行明显提示外，对因不可抗力造成的停课损失，也已经进行了延期补课，且补课时间远远大于停课时间，对消费者无疑是有利的。另外，该类课程属于集体课程，不能因一人的请假就再单独进行补课，否则也不利于培训机构的发展。该案的判决在保护消费者个人利益的同时，也考虑了培训机构行为的合理性，平衡了消费者个人利益和培训机构企业利益的冲突。

三、专家建议

近年来，随着市场需求的不断增加，各种教育培训机构应运而生，培训内容、合同类型多种多样。面对多种选择，一些消费者未能从自身实际需求出发，盲目选择课程，盲目听信教育培训机构工作人员的口头承诺和宣传，最终让自己承担交易风险。为避免因合同履行障碍而引发教育培训合同纠纷，建议家长在与教育培训机构签订合同时注意以下几个方面：首先，因大多数教育培训机构提供的培训合同属于格式条款，无论是从事前的约束还是对事后纠纷解决的角度考量，消费者应当审慎审查合同的重要条款，如果有不足或相关协议明显不利于自己的内容，则应主动提出并坚持修改。只有将内容写入合同并明确约定，才能成为日后权利行使的有利保障。其次，当影响合同正常履行的突发情况时，如突发疾病、迁居等，也要积极地与培训机构进行沟通协调，可以采取延长培训时间、变更培训方式、地点或者解除合同等方式维护自己的合法权益，另外，不要轻信工作人员的口头承诺，要将变更后的协议内容以书面方式固定下来；最后，并非所有商品都可以支持"七日无理由退货"，特别是涉及有履行期限的教育培训合同，要时刻关注约定的时间，在期限届满前享受权利，避免过期。

四、关联法条

《消费者权益保护法》第二十六条、第五十三条；《消费者权益保护法实施条例》第十七条；《民法典》第四百九十六条、第五百零九条、第五百七十七条、第五百七十九条。

教育培训合同中欺诈行为如何认定

随着知识经济时代的来临，成人教育和早教等教育课程日渐火爆，目前教育培训已经成为热门行业，但是在"培训热"的背后也存在一系列问题。很多机构为了招揽生源，往往会夸大其词，以浮夸的手段和用语宣传机构的实力和培训成绩，基于家长或者学生对学习的高度重视程度及焦虑心理，很难辨别是非。在家长因商家的虚假宣传受到侵害，且达不到预期的效果后，不仅消费者身心受到打击，可能还会陷入诉讼的旋涡。

一、案例简介

（一）基本案情

2017 年 3 月 12 日，金某（乙方）与北京某教育公司（甲方）签订《某法学院 2018 年 VIP 保录班协议书》，约定从签约时起至 2018 年某大学硕士研究生入学考试复试结束时止，甲方利用自身的优势资源对乙方进行法学考研培训、辅导和指导，使乙方能够最大限度达到某大研究生院录取的要求，……考前内部资料、独家绝密信息、VIP 专享，强大人脉保障、复试协助优先录取；乙方应向甲方支付学费 19.8 万元；如乙方已严格按照本协议的约定参加甲方高端 VIP 考研保录班学习后，经过一次考试和推免最终未被录取为某大学硕士研究生的，且遵守了本协议中关于网授和面授的相关规定，全额退还学费。2017 年 7 月 15 日至 8 月 20 日，金某参加了北京某教育公司组织的面授课程。金某取得推免生资格后，北京某教育公司未能协助金某推免某大学，金某于 2017 年 9 月 30 日自行推免华东某大学，而推免成功后不再具备研究生入学考试的报名资格。双方签约时，北京某教育公司在微信公号等网络平台公开宣传其优势为"唯一全部命题老师直接授课、独有某大特殊人脉"，并在其发放给学员的"班型表"中列明：价位 19.8 万元的考研保录班限招 3 人，复试优先直录，绝对 100% 保过；小班授课，绝不套班；震撼师资阵容，不仅是某大老师，而且是命题老师；业内最长课时，是其他机构的 3 倍；考研英语名师王某老师全程面授；……人脉广泛且平台高，强大人脉保师资、保提分、保复试、保导师；独家内部备考资料；考前独家渠道绝密信息。因金某未按照合同约定被某大研究生院录取，且北京某教育公司在宣传过程中存在欺诈行为，故诉至法院。[①]

（二）法院裁决

法院经审理后认为，北京某教育公司在公开的网络平台上宣称其培训师资全部为某大学命题老师，另有"独有"的"特殊人脉"保障录取，其向学员发放的班型表乃至其与金某签订的合同中亦强调其具有"命题老师""人脉"或"绝密"信息等特殊优势。上述宣传与介绍足以使消费者产生北京某教育公司的师资具有特殊优势的认知。然而，北京某教育公司无法确认其师资是否为"命题老师"，其对师资情况的介绍已构成虚假陈述。考虑到是否具备特殊的师资优势对消费者是否选择其培训、是否接受 19.8 万元的高昂对价具有显著影响，应认定北京某教育公司对外进行夸大、虚假的宣传，已构成欺诈，金某有权要求北京某教育公司

---

① 详可参见（2018）京 0108 民初 49511 号。

退还培训费并进行三倍赔偿，故判决北京某教育公司退还金某缴纳的培训费并支付三倍赔偿金。判决后，双方均未上诉，该案已生效。

二、以案说法

（一）欺诈行为及其构成要件

《民法典》第一百四十八条规定，一方以欺诈手段，使对方在违背真实意思的情况下实施的民事法律行为，受欺诈方有权请求人民法院或者仲裁机构予以撤销。欺诈的构成有四个法律要件：一是行为人具有欺诈的主观故意，故意诱使对方陷入错误的认识。行为人的行为是故意而非过失，其最终目的是为了获取不当利益，属于有明确目的的行为。本案中，北京某教育公司在宣传时即使用了"命题老师""人脉"等字眼，吸引消费者的注意，主观上具有欺诈消费者、诱因消费者报名培训的故意；二是实施了欺诈的行为。即在欺诈的故意下实施了损害对方利益的具体行为，如客观上捏造事实或者陈述虚假事实，本案中，北京某教育公司在上述宣传背景下向金某大肆宣传、诱导金某报名培训项目；三是相对人因行为人的欺诈陷入了错误认识。金某在该公司的宣传下误认为该公司确实存在具备"命题老师""特殊人脉"，能够帮助自己获得内部资料，为成功被目标院校录取铺平道路；四是相对人因此而做出了错误的意思表示，即行骗行为和被骗行为之间存在因果关系。正是受到某教育公司的虚假宣传，对金某产生错误认识，导致金某与比较某教育公司签订《某法学院 2018 年 VIP 保录班协议书》并支付了 19.8 万元的报名费。在教育培训类合同中，受培训者或者其法定代理人为了提高受培训者的学习成绩，经常存在焦虑情绪，这种"头脑发热"状况下作出的行为要综合分析，如果确系因对方故意夸大事实、虚假陈述等造成的，应当认定为欺诈。本案中，金某花 19.8 万元报名考研培训，与北京某教育公司的虚假宣传行为存在因果关系，北京某教育公司的行为构成欺诈。

（二）欺诈行为的法律后果

《民法典》第一百四十八条规定，受到欺诈后，在违背真实意思表示的情况下实施的民事法律行为，受欺诈一方可以请求撤销。按照上述规定，欺诈属于可撤销的民事法律行为，即因该民事法律行为的成立并非基于真实意思表示成立的，受欺诈方具有撤销权，可以向人民法院或仲裁机构申请撤销因欺诈而形成的民事法律行为。

（三）教育培训欺诈可否适用"退一赔三"规则

《消费者权益保护法》第五十五条规定，经营者提供商品或者服务有欺诈行为的，应当按照消费者的要求增加赔偿其受到的损失，增加赔偿的金额为消费者购买商品的价款或者接受服务的费用的三倍；增加赔偿的金额不足 500 元的，为 500 元。法律另有规定的，依照其规定。一般来讲，教育培训分为两类：一类是义务教育类，即我国施行的从小学到初中的九年义务教育，该类教育具有公益性，不属于市场交易关系，不应适用《消费者权益保护法》；而另一类则是像本案具有明显市场交易特征的培训，教育培训合同是否属于消费合同领域，虽然在司法实践中存在争议，但《消费者权益保护法》第二条对消费者的定义进行了界定，即为生活消费需要购买、使用商品或者接受服务的，受该法保护，而"生活消费"除了我们所熟知的物质消费外，也包括精神类消费，同时，根据法院的裁判、中国消费者协会发布的《校外教育培训领域消费者权益保护报告》来看，也均认定购买校外教育培训合同的主体仍属于消费者，其培训机构也是经过工商部门登记而没有在教育部门备案的培训机构，可以适用《消费者权益保护法》的相关规定。

三、专家建议

作为消费者，选择辅导机构提升自身能力值得称赞，但是面对鱼龙混杂的教育培训市场，应该擦亮双眼，多听多看多进行比较，不应该盲目轻信辅导机构的说辞和宣传，可以采取试听课、实地考察、咨询身边人等方式货比三家，在全面了解辅导机构的资质、师资、教学背景、教学质量等基础上进行选择；对像本案中北京某教育公司宣传的"命题老师""人脉"或"绝密"等资料，属于违背公平竞争的违法行为，严重时可承担刑事责任，故对该类宣传切不可信。同时，签订合同后也要全面了解合同的内容，尤其是涉及自己重要权益的事项，如果上课过程中存在问题，应及时沟通协调，若发现辅导机构存在欺诈等行为时，也应积极地与当地工商、消协等部门联系，及时维护自身的合法权益。

四、关联法条

《消费者权益保护法》第二条、第八条、第二十条、第五十五条；《消费者权益保护法实施条例》第四十九条；《民法典》第一百四十八条。

十、家政服务纠纷

"首次匹配服务费" 收了就不退，
合理吗，合法吗

　　找到一个好的家政服务员，无疑是幸福的。好的家政服务员不仅会提供你所需的服务，有的还会处得像家人一样。但好的、合适的家政服务员并不好找，这就需要试用。一般程序是通过家政服务机构进行筛选、匹配，给你推荐相关人选。但是，通过面试"相互满意"并交了"介绍费"后，对方却放了你的"鸽子"，机构又相继给你送去不符合要求（滥竽充数）的服务人员，你要退费，却被告知"首次匹配成功不予退费"，你会怎样处理？

一、案例简介

（一）基本案情

　　2022 年 5 月 29 日 15 时许，黄某（甲方，雇主）与某信息技术有限公司（丙方，以下简称某信息公司）、李某（乙方，家政服务员）签订《家政服务合同》，雇佣乙方为日班钟点工，以照顾家中独居老人。合同中约定钟点工服务时间为每天 18：00—19：00，服务期限一年；居间服务费 3500 元，其中首次匹配服务费 1200元，其余 2300 元为售后保障服务费。雇主要求乙方当天就上户，但被告知，乙方李某体检报告尚未拿到，就临时更换了另一位家政服务员上户。从第二天开始，又更换了一位家政人员上户。因某信息公司一直未匹配到符合约定时间段的家政人员，在雇主多次敦促无果后，双方于 6 月 8 日解除合同。期间，某信息公司共派员上户 11 次，且非合同约定的乙方李某，雇主已将劳务报酬直接支付给上户人。因退款发生争议，雇主以未履行协议为由请求法院判令某信息公司全额退还 3500 元合同履约金，并赔偿违约金 3500 元。①

（二）法院裁决

本案适用小额诉讼程序审理，实行一审终审。

法院认为：原告提出的首次上户人员与合同约定不符、上户时间迟到等陈述，因未能提供证据予以证明，且原告自己承认并未指定家政服务员，对其提出的某信息公司首次服务未能履约的意见未被采信，而认可某信息公司提出的已完成首次匹配居间服务义务的意见，对原告要求被告退还首次匹配服务费 1200 元的主张不予支持；认可原告提出的自首次派人上户后一直未能为原告匹配到合同约定服务时间段家政服务员的意见，对某信息公司主张扣除一个月售后保障服务费用的意见未予采纳，判决某信息公司退还原告服务费 2300 元；驳回原告关于违约金的请求。

二、以案说法

（一）"首次匹配成功"就是"匹配成功"了吗

常规的家政服务流程一般是：（1）消费者提出需求；（2）家政服务机构筛选家政员推荐给消费者，并介绍相关情况（身份信息、学历、技能培训情况及资格证书、从业经历等）；（3）面试、洽谈，达成一致意见（即首次匹配成功）；（4）签约、交费；（5）上户、试用：相互满意，继续执行合同；一方不满意，调换家政人

① 详可参见北京市朝阳区人民法院（2023）京 0105 民初 6995 号民事判决书。

员（即再匹配），直到相互满意，并变更合同中的家政员信息；（6）服务终止：到期终止、提前解约（如服务对象死亡）、因纠纷解约等。签约后，家政服务机构要进行相关管理和保障，包括纠纷的调处等。这是家政服务活动相对完整的管理流程，是一个整体，每个环节不应减少也不能予以割裂，环环相连；任何一个环节的缺失、过错，都可能导致下一个环节出现问题。首次匹配成功只是流程中"签约、交费"的前提，并非真正匹配成功；只有经过试用，相互认可才是匹配成功；匹配成功是家政服务机构应尽的职责，匹配成功才能实现合同目的；否则，只能说明家政服务机构未能满足消费者的需求，没有履行约定的义务，违约了。

本案中，截至解约，某信息公司从始至终都没有提供符合约定的服务。显然，将首次匹配成功与整个家政服务流程割裂开来并单独收费，是一种似是而非、巧立名目收费的行为，不符合家政服务的行业惯例、行业规范和公序良俗。

常规的家政服务机构与只提供咨询服务的中介机构的行业性质、业务范围是不一样的。后者只要提供相关真实信息、促成合同成立，其业务即告结束，收取的是咨询费或介绍费。而家政服务机构并非以合同成立为终点，签约只是其提供实际家政服务的第一步，其核心业务应是提供实实在在的家政服务。本案中，某信息公司虽叫"信息公司"，而从服务内容和所签署的《家政服务合同》看，其实际是一个家政服务机构，应履行常规的家政服务机构的义务。

（二）合同中规定的首次匹配服务费是否"双方当事人真实意思表示"

该判决书中并未描述签约过程，但从"旋即回复本人""催促本人签订了合约""根据后台记录显示，2022年5月29日下午

15:27 三方签署合同"等细节可以推断：签订的是电子合同。《电子商务法》中明确规定，"电子商务经营者应当清晰、全面、明确地告知用户订立合同的步骤、注意事项、下载方法等事项，并保证用户能够便利、完整地阅览和下载。"某信息公司并没有做到这些，侵害了消费者的知情权，签订的合同也就难以是"真实意思表示"了。实践中对首次匹配服务费的诟病，绝大部分都提到"通过视频面试""没有提前告知""经纪人从未提及""催促签约""以合同中有约定而无法退费"等内容，而这些消费者签订的都是电子合同，基本上对合同内容未能充分了解。同时，合同中并没有对首次匹配服务进行定义和说明，违反了《民法典》中"对格式条款的理解发生争议的，应当按照通常理解予以解释。对格式条款有两种以上解释的，应当作出不利于提供格式条款一方的解释"的规定。

（三）"任何情况下不退首次匹配服务费"涉嫌霸王条款

本案及网上吐槽不退首次匹配服务费的，几乎都是"不上户""仅上户很短时间就以各种理由下户""不按约定服务"等内容。明明是家政服务员违约，但在合同中却明确规定"甲方进一步知悉并理解，丙方基于本合同为甲方首次提供家政服务人员信息并促成合作交易（以签约为准）即视为丙方完成居间服务义务，……任何情况下丙方对甲方已支付的首次匹配服务费用无退还义务"。这是不公平的格式条款，是无效的；甚至有消费者认为视频面试的家政员就是"托儿"。

三、专家建议

无论是在线上还是线下签约，消费者一定要认真阅读合同，对有疑义的条款（尤其是格式条款）一定要让经营者进行说明，并表明自己的理解；在接受服务过程中发现不符合约定服务内容的，要及时向家政服务机构反馈，保留相关证据；在维权尤其是诉讼中，要在充分证据的基础上，征询专业人员的意见（本案中，原告并未聘请律师），充分、合理地适用相关法律法规，不吃哑巴亏。

四、关联法条

《消费者权益保护法》第二十六条、第五十三条；《消费者权益保护法实施条例》第十九条；《民法典》第四百九十八条；《合同行政监督管理办法》第六条、第七条、第八条、第九条；《侵害消费者权益行为处罚办法》第十二条；《电子商务法》第五十三条。

不履行法定和约定义务，既要赔，
还可能被罚

消费纠纷的产生，绝大部分是由经营者的原因造成的。其中，有相当一部分是经营者既有违约或侵权行为，又有行政违法行为。换言之，经营者未按约定提供商品或服务，或者有侵害消费者人身、财产安全的行为，同时还违反相关法律法规规定的禁止性行为。而经营者的这些行为，除要承担违约责任或侵权责任外，还可能要受到有关行政部门的处罚。

一、案例简介

（一）基本案情

2020 年 10 月 6 日，万某（甲方，雇主）与北京某家政服务有限公司（乙方，以下简称某家政公司）、赵某（丙方，家政服务员）共同签订了《家庭服务合同》，由丙方为雇主年仅 1 岁 9 个月的孙女提供育儿服务，并兼做家务。同年 12 月 23 日，家政服务员变更为李某。李某上户不久，就多次要求下户，雇主万某也多次要求换人，直至雇主万某的孙女摔倒受伤，某家政公司都未能更换家政服务员。2021 年 3 月 11 日晚，家长发现新买的儿童拖鞋穿着时出现绊脚走路不稳的情况，即吩咐家政服务员不要再给女孩穿，换了另一双鞋。在给女孩洗完脚后，家政服务员又给她穿上了那双家长不让穿的拖鞋。在无人看护的情况下，女孩在客厅活动时摔到了茶几上，造成了面部伤害。经某整形外科医院诊断为颊部裂伤，并进行了颊部裂伤清创缝合术。女孩的父亲作为法定代理人以健康权纠纷为由提起诉讼，请求判令某家政公司、李某连带赔偿医疗费、交通费，并赔偿精神损害抚慰金20万元。[①]

（二）民事裁决

1. 一审判决

一审法院认为，作为提供育儿服务的家政服务员，李某未尽到照看义务，对女孩受伤存在重大过错，应承担侵权责任；某家政公司未能及时更换家政服务员，对受伤存在一定过错，应当承担相应的法律责任。判决李某与某家政公司连带赔偿已发生的医疗费、交通费，赔偿精神损害抚慰金5万元，共计58257.77元，驳回原告其他诉讼请求。

2. 二审判决

二被告不服一审判决而上诉。二审法院认为，一审做出的家政员李某与某家政公司对侵权行为需承担连带责任的认定缺乏法律依据，予以纠正，对共同造成的损害后果，按过错行为大小，判决李某和某家政公司分别承担60%和40%的赔偿责任；驳回赔偿精神损害抚慰金过高的请求，维持原判。

（三）行政处罚

在诉讼期间和两审判决后，本案合同中的雇主万某多次向有关部门反映某家政公司存在将未经培训的家政服务员安排上岗、提供虚假信息、虚假宣传等情况。北京市某区市场监督管理局依据《侵害消费者权益行为处罚办法》第十五条对某家政公司违反该办法第十三条第二款的行为予以行政处罚，没收违法所得5331

[①] 详可参见北京市第三中级人民法院（2022）京03民终1695号民事判决书。

元，并处 5331 元罚款。[①]

（四）行政诉讼

本案中女孩的父亲以某区市场监管部门不尊重原告提供的民事判决中认定的事实、未依法进行处罚为由对该部门提起行政诉讼。一审法院认为"原告与被诉行为不具有行政法律上的利害关系"，驳回其起诉。原告不服一审判决而上诉，二审法院维持一审裁定。[②]

二、以案说法

（一）家政服务机构应履行约定的义务

本案的《家庭服务合同》中明确约定某家政公司"1 年内提供免费的沟通调解、不超过 5 次的换人服务"的内容，而在履行中，家政服务员李某多次申请下户、雇主方也频繁要求更换家政服务员，但在几个月时间内，一直到被看护的女孩受伤，该家政公司都未能更换成功。《消费者权益保护法》第十六条规定："经营者和消费者有约定的，应当按照约定履行义务。"显然，经营者某家政公司违反了约定，属于违约行为。同时，通过民事判决书和市场监管部门的处罚决定书可以看出，该公司对李某未进行有效培训和管理，存在安全隐患。该公司因未履行约定义务而对女孩受伤埋下了隐患，要承担一定的法律责任。

（二）侵权人应依法赔偿

《消费者权益保护法》就造成消费者人身权益伤害的赔偿责任有明确规定，"应当赔偿医疗费、护理费、交通费等为治疗和康复

---

① 详可参见京朝市监处罚（2023）54 号行政处罚决定书。
② 详可参见（2023）京 03 行终 1332 号行政裁定书。

支出的合理费用"，《民法典》有"营养费、住院伙食补助费"相关费用的规定，消费者可以根据所受损失情况依法予以追偿。本案中，消费者仅对医疗费和交通费请求赔偿。

被侵权人人身权益受到伤害，侵权人除可要求赔偿损失外，还有权请求精神损害赔偿。本案中，受到伤害的女孩年纪较小，事发时易受到惊吓，且系面部受伤，考虑到今后有可能还需要治疗，同时根据受伤经过、伤情等因素，法院做出赔偿精神损害抚慰金的判决符合《消费者权益保护法》和《民法典》的规定。

（三）"虚假宣传"的认定问题

本案中的雇主举报：在 2021 年两会期间，央视财经频道经济信息联播中有某家政公司董事长在采访时提到该公司"开展免费 8 天提质扩容培训"的内容，认为属于虚假宣传。《反不正当竞争法》中规定"经营者不得对其商品的性能、功能、质量、销售状况、用户评价、曾获荣誉等作虚假或者引人误解的商业宣传，欺骗、误导消费者"。"虚假宣传"仅指"商业宣传"，而不包括其他场景中的相关情况。如本案中提到的新闻采访，既不是商业广告，也不是商业宣传，故未被市场监管部门采信。

三、专家建议

在家政服务中，消费者遇到比较多的侵害是经营者违约及家政服务员因素质不达标而造成的侵权。消费者要将自己的需求明明白白、实实在在地体现在合同中，遇到经营者或家政服务员未按合同约定执行要及时反馈；提前掌握家政服务员的培训情况、从业资质，不要等出了事故才去了解；对不符合需求的家政服务员要及时更换，不要采取降薪等方式妥协，消除安全隐患；对造成严重精神损害的，可依法要求赔偿；发现涉嫌违法的，要依法向有关部门举报。

四、关联法条

《消费者权益保护法》第十六条、第四十九条、第五十六条；《消费者权益保护法实施条例》第五十条；《民法典》第一千一百六十五条、第一千一百六十八条、第一千一百七十一条、第一千一百七十二条、第一千一百七十九条；《反不正当竞争法》第八条；《侵害消费者权益行为处罚办法》第十三条、第十五条。

"从源头杜绝无证月嫂"是真的吗

生孩子、坐月子，历来都是一个家庭最关心的家务之一。过去那种靠双方父母"伺候"月子的情形在逐步减少，"月嫂"越来越多地出现在年轻父母的身旁。但母婴服务市场中，服务不专业、态度不认真、缺乏耐心等成为月嫂被投诉的重点，而虚假宣传、未经专业培训就上岗、费用高等则成为母婴服务机构被诟病的焦点。母婴健康不仅关系到家庭幸福，也影响到国家未来。我国一直重视母婴健康，1994 年就制定了《母婴保健法》；2009 年和 2017 年又进行了两次修正。生育政策放开后，母婴服务市场需要进一步规范。

一、案例简介

（一）基本案情

2022 年 2 月 18 日，钟女士向揭阳市某母婴健康管理有限公司（以下简称某母婴公司）定购了"月嫂服务"，选购了 7800 元的特价套餐（另加 400 元基础服务费，合计 8200 元），而未选购该公司建议的更高价位的套餐。某母婴公司表示：套餐内容一样，特价套餐是因为月嫂是刚培训完，经验不多。同日，钟女士向某母婴公司支付套餐费用的 50%，计 4100 元。2 月 24 日，某母婴公司给钟女士发送了月嫂林某的照片及基本信息，照片中注明：持月嫂证、健康证、身份证，钟女士确认并回复"好……"。25 日，月嫂林某上门开始为钟女士提供服务。期间，钟女士向某母婴公司反映月嫂林某不太熟练，提出存在的问题，并要求更换月嫂。2月28日，双方就签订合同进行沟通，未达成一致意见，没能签订正式的书面协议。3月2日沟通中，某母婴公司确认月嫂林某刚毕业，尚未持有月嫂证，正在申报中。3月3日，双方终止月嫂服务，月嫂实际上门服务6天。钟女士认为某母婴公司"从源头杜绝黑户、散单、无证月嫂"的宣传以及故意隐瞒月嫂没有资格证书的情形，构成了欺诈，请求法院退回已支付的费用4100元及赔付利息，并按合同金额8200元的三倍予以赔偿。①

（二）法院裁决

1. 一审判决

一审法院判决某母婴公司在扣减已上门服务月嫂6天的费用后将余款退还给钟女士并支付相应利息。因双方未签订正式书面协议，对每天费用如何计算也无约定，根据具体情况，按照服务期限30天、费用8200元计算，某母婴公司退还余款2460元并支付利息。驳回钟女士的其他诉讼请求。

2. 二审判决

二审法院对一审查明的事实予以确认，维持了一审在扣减已上门服务月嫂6天费用后退回余款的判决，对钟女士请求退回已支付的4100元服务费的请求未予支持。同时，对钟女士提出合同金额三倍赔偿的请求，判决某母婴公司应向钟女士赔偿已支付服务费用4100元的三倍即12300元。

---

① 详可参见广东省揭阳市中级人民法院（2022）粤52民终1416号民事判决书。

二、以案说法

（一）母婴护理员（俗称"月嫂"）上岗前是否需要职业资格证书

《家政服务母婴生活护理服务质量规范》（GB/T 31771-2015）、《家庭母婴护理服务规范》（SB/T 10984-2013）以及各地的家政服务、母婴护理的地方标准，无一例外地都将月嫂要"上岗前应接受培训，经业务考核合格、具备相应的服务知识与技能，取得相应的职业资格证书或上岗证"等相关内容列入其中，不能无证上岗。《家庭服务业管理暂行办法》也将"技能培训情况"作为家庭服务合同必不可少的内容予以规定。

2021年，国家将"水平评价类"的"技能人员职业资格"全部退出《国家职业资格目录》，其中就包括育婴员、保育员。退出，不是不管，而是政府要集中精力强化对准入类的监管责任，不再参与水平评价类技能人员职业资格认定、发证的具体实施工作；退出，也不意味着取消技能人员的职业标准和技能评价，而是发挥市场主体、第三方技能评价机构对人才评价的主体作用，进一步推进职业技能等级制度的健全与完善，更有效地提升劳动者素质。同时，人社部制定了《职业技能等级认定工作规程（试行）》以及《技能人才评价质量督导工作规程（试行）》等一系列文件予以促进。

（二）某母婴公司未如实告知消费者从业人员的技能状况构成欺诈

1. 某母婴公司向社会及有月嫂需求的消费者宣传"从源头杜绝无证月嫂"，而在实际操作中却未能如实履行。本案中，月嫂在上户时就未取得相关证书。

2.作为专业从事提供月嫂、母婴健康服务的家政服务机构，负有如实告知或披露服务人员是否具备育婴员职业资格的义务，保证消费者的知情权。某母婴公司在知悉该月嫂尚未取得月嫂证的情况下却未如实告知，而是在上户前一天将手持月嫂证的林某照片发给钟女士。

3.某母婴公司以"从源头杜绝黑户、散单、无证月嫂"的宣传而标榜"高端育婴工作"招徕顾客，以使顾客陷入其月嫂具备收取高额服务费用的"高级"资格及职业能力水平的错误认识，并因而作出错误的意思表示。

某母婴公司的上述行为属于"故意告知虚假情况，或者负有告知义务的人故意隐瞒真实情况，致使当事人基于错误认识作出意思表示"的情形，构成欺诈。

（三）惩罚性赔偿是按实际支付金额还是按套餐金额计算赔偿额

本案中，法院判决惩罚性赔偿金额为钟女士实际支付费用的三倍，而未支持其请求的套餐金额的三倍，这是符合《消费者权益保护法》第五十五条的规定。这并不是因为双方未能签订正式书面合同，而是按照实际发生额予以计算的，即使是已签订了书面合同也应如此。

三、专家建议

家政服务经营者要切实履行好自身的职责和义务，做好从业人员的专业培训，按照有关规定和标准持证上岗；参照有关合同示范文本与消费者签订协议，并严格履行；坚决杜绝虚假宣传、不正当竞争等行为，提供货真价实的服务。消费者要认真了解企业的真实情况，关注社会评价，货比三家；认真阅读服务协议条款，对模糊的地方一定要让经营者予以解释并留存书面材料；对接受服务过程中发现的问题一定要及时反馈，必要时可以投诉举报，有理有据，依法维权。

四、关联法条

《家庭服务业管理暂行办法》第十二条、第十四条；《消费者权益保护法》第五十五条；《消费者权益保护法实施条例》第四十九条；《最高人民法院关于适用〈中华人民共和国民法典〉总则编若干问题的解释》（法释〔2022〕6号）第二十一条。

家政巨头轰然倒下，消费者钱款泡汤

预付式消费几乎涉及所有服务业，包括各类培训、零售、餐饮、网约车、健身、充电桩、文化娱乐、美容美发、医疗美容、电子游戏、养老、洗车、净化水、停车等，家庭服务业也概莫能外。预付式消费中，最突出的问题就是经营者关门跑路，往往导致消费者的预付款打了水漂，有的还影响到社会稳定。本案中，消费者虽然胜诉了，却因无资产可以追偿而难以执行，值得认真思考。

一、案例简介

（一）基本案情

何某于2017年10月在北京某家政服务有限公司（以下简称某家政公司）办理了两张家政卡，共储值10万元。自办卡之日起，该公司就一直没有提供服务，之后停止营业，也未退费。何某向法院提起诉讼，请求判令某家政公司返还服务费10万元，并支付利息。虽经法院公告送达出庭传票，但某家政公司无正当理由未到庭应诉。

从2018年1月开始，某家政公司的母公司某家政集团因资金链断裂，其在全国40多个城市的200余个线下分支机构、子公司全部停止营业，人去楼空。截至2018年6月底，某家政公司注册地的工商部门及消协接到投诉4622件，涉及金额约630万元。反映的主要问题包括：无法正常预约家政服务；办理的预付费卡和 APP 内的余额无法退还；分公司电话无人接听，网上售后无人回应；公司承诺的退款期限过长等。期间，曾经出现过上百人在企业经营场所聚集的现象。2018 年下半年，某家政集团及其全国所有分支机构、子公司均显示经营异常状态。①

（二）法院裁决

1. 一审判决

一审法院认为，何某与某家政公司的家政服务合同关系成立，因某家政公司的原因单方终止履行合同，双方的合同关系解除。合同解除后，某家政公司应当返还何某尚未使用的服务费 10 万元；驳回何某主张支付利息的请求。经传唤，某家政公司无正当理由拒不到庭，依法缺席判决。

2. 案件执行

因某家政公司未依法上诉，也未履行已生效的一审判决，何某申请法院执行，要求某家政公司清偿债务 102326 元（含某家政公司未按判决指定期间履行给付金钱义务而加倍支付的债务利息）。尽管法院依法向被执行人发出执行通知书、报告财产令，并依法传唤，但未发现被执行人有可供执行的财产，申请执行人何某也无法提供被执行人可供执行的财产线索，已无可实现的债权，最后终结了此次执行程序。

二、以案说法

（一）预付式消费中存在诸多问题

1. 预付式消费中存在的问题种类多，且由来已久，亟须强化

---

① 详可参见（2019）京 0105 民初 14672 号民事判决书、（2020）京 0105 执 19801 号执行裁定书。

监管。除最明显的跑路外，不签合同、约定不清、服务缩水、霸王条款、退费艰难等也是被诟病的重点；同时，采用预付式消费的行业众多，对应的行业主管部门也多，诸如教育、体育、商务、文旅、卫生健康、交通、科技、民政、人社、城市管理、水务、农业农村、市场监管等，亟须加强统一领导和规制，制定明确的部门监管职责、有效衔接的预付式消费的法规政策。

2.盲目扩张成为一些企业采用预收费方式的重要原因。在自有资金不足、融资成本较高的情况下，一些企业企图做大，则以低价或超低价售卡，掏消费者的口袋予以弥补，出现了寅吃卯粮的现象，资产负债率畸高，坚持不下去了就"失联"。据了解，一些健身企业就存在着"设备是租的、开支靠卖卡"的状况。本来，提供保洁、儿童看护、月嫂、老人和病人护理等家庭服务，完全可以通过稳步提升服务质量、扩大客户群这一终极盈利模式达到企业发展的目的，却在资本运作、赚快钱的风气裹挟下，走上了资金链断裂的不归路。

3.信用监管成为短板。尽管我国在信用监管方面已取得较大进步，如对失信被执行人采取限制消费措施等，但这还远远不够。

（二）消费者权益受到侵害时，更应适用《消费者权益保护法》

《民法典》是民事活动的基本法，相对于经营者，消费者更难以用"平等"来确定。消费争议虽属于民事争议范畴，但因"地位"的不平等，消费者往往处于被动的局面。从《消费者权益保护》角度看，《民法典》是一般法，而《消费者权益保护法》则是特别法。特别法优于一般法，特别法没有规定的则适用一般法。当处于弱势地位的消费者权益受到侵害时，应优先适用《消费者权益保护法》这一消费者权益保护的基本法，《消费者权益保护法》中没有规定的，适用《民法典》或其他法律法规相关规定。

三、专家建议

就预付式消费中存在的诸多问题，亟须加快出台相应的法规政策，强化领导，统筹监管职责，规范各行业经营者行为，保护消费者合法权益；为小微企业的发展营造更好的环境，提供金融支持；促进经营者诚信经营，规范市场秩序；对高风险经营者加强监管，防范社会风险，惩治严重违法经营者；宣传理性消费意识，不因高折扣而过高储值办卡，提高风险防范意识，"储值有风险，办卡需谨慎"。

消费者遇到预付式消费权益侵害时，要积极运用《消费者权益保护法》第五十三条及其他相关规定，讨要未消费的预付款、相应利息及必须支付的合理费用。

四、关联法条

《消费者权益保护法》第二条、第五十三条；《消费者权益保护法实施条例》第二十二条；《民法典》第二条、第一百二十八条；《最高人民法院关于适用〈中华人民共和国民事诉讼法〉的解释》第五百一十七条。

十一、健身消费纠纷

健身房转让后消费者该找谁

健身场所在不改变门头招牌、内部装潢、文案风格等情形下，将整体经营权转让给新的负责人，后因经营不善关门，但消费者购买的健身次数还没用完。此时，若消费者主张退款，往往会遇到前后经营主体均推脱责任、拒绝返还的情况。这种情况下，消费者可将前后经营主体均作为被告，通过被告之间的自认，由法院查明转让的事实，并进而厘清退款责任。

一、案例简介

（一）基本案情

2020年9月2日，曹某与A公司签订《某某服务合同》，约定办卡种类为"抗疫30月时效卡"，金额2000元，有效期为2020年9月18日至2023年9月17日，A公司为曹某提供的服务内容包含器械健身、有氧团体课程、洗浴、游泳。当日，曹某通过POS机刷卡向A公司支付费用2000元，A公司向曹某出具收据。

2021年1月9日，A公司在其公众号发布公告，内容为："因北京疫情原因于2021年1月10日起游泳馆和淋浴区暂时关闭，器械区正常开放，闭馆期间您的会员卡和私教课及游泳课时间自动顺延，预计2021年2月28日恢复正常。"但其后并未如期恢复营业。

曹某提交了一份《转让合同》复印件及银行账户交易明细，

拟证明早在 2020 年 8 月 20 日，A 公司就已经将该健身房门店转让给 B 公司，且实际由 B 公司收取了曹某交纳的服务费 2000 元，故 A 公司与 B 公司存在共同隐瞒真相、对消费者进行欺诈的事实，应当共同承担退款及赔偿责任。曹某称签订合同后曾至门店健身 8 次，后 A 公司将该健身房关闭，故双方合同无法继续履行。

A 公司、B 公司均为自然人独资的一人有限责任公司。A 公司股东及法定代表人均为闻某；B 公司股东为刘某，法定代表人为张某。

曹某诉讼请求为：（1）判令解除曹某与 A 公司签订的《某某服务合同》；（2）判令 A 公司、B 公司退还曹某 2000 元；（3）判令 A 公司、B 公司赔偿损失 6000 元；（4）判令 A 公司、B 公司支付资金占用利息；（5）判令闻某、刘某对上述款项承担连带责任。[①]

（二）法院判决

1. 一审判决

一审法院判决：（1）曹某与 A 公司 2020 年 9 月 2 日签订的《某某服务合同》于 2021 年 12 月 7 日解除；（2）A 公司于判决生效后 7 日内退还曹某服务费 1800 元；（3）A 公司于判决生效后 7 日内赔偿曹某利息损失；（4）闻某对上述第（二）项、第（三）项承担连带责任；（5）驳回曹某之其他诉讼请求。

曹某不服一审判决提出上诉，请求二审法院撤销一审判决，发回重审或依法改判支持曹某诉讼请求。

2. 二审判决

二审法院经审理后改判：（1）A 公司、B 公司共同退还曹某服务费 1800 元及赔偿利息损失；（2）闻某、刘某承担连带责任。

---

① 详可参见北京市第三中级人民法院（2022）京 03 民终 16113 号民事判决书。

二、以案说法

本案争议焦点在于：（1）B公司、刘某是否应成为向曹某承担责任的主体；（2）曹某所主张的赔偿服务费3倍损失的请求能否得到支持。

关于争议焦点一，B公司、刘某是否应成为向曹某承担责任的主体。本案中，根据查明的事实，在曹某与A公司于2020年9月2日签订《某某服务合同》之前，A公司已将案涉健身房门店转让给B公司，客观上，涉案合同由B公司实际履行，可以认定曹某与B公司之间存在服务合同关系。A公司在带有其标识、铭牌的场所与曹某签署合同，且收取曹某支付的服务费，也应该承担责任。故B公司应与A公司共同向曹某承担相应责任。B公司为一人有限责任公司，刘某系该公司唯一股东，刘某未举证证明其与B公司财产独立，依法应当承担举证不能的后果，刘某应对B公司的债务承担连带责任。

关于争议焦点二，曹某主张的赔偿三倍服务费损失的请求能否得到支持。曹某要求解除其与A公司于2020年9月2日签订的《某某服务合同》，因A公司事实上不能继续履行合同，故解除于法有据。曹某确有前往案涉健身房健身的情况，一审法院根据曹某办卡时间、A公司停业时间，酌定退还曹某服务费1800元亦无不当。对于A公司与B公司是否构成欺诈，进而是否应支持曹某所请求的三倍服务费的赔偿，司法实践中，法院一般认为，如认定商家欺诈，需认定商家故意实施了欺诈行为。欺诈行为是指欺诈人故意陈述错误事实或故意隐瞒真实情况使他人陷入错误认识的行为。欺诈的故意是指明知自己的陈述是虚伪的，并会导致对方陷入错误认识，却希望或放纵这种结果的发生。本案中，B公司与 A 公司虽未及时向曹某告知经营主体变更的情况，但曹某签订《某某服务合同》的目的是为了获得案涉健身房所提供的服务，并无明确证据证明案涉健身房因经营主体变更而对所提供的服务发生实质性影响，也难以认定曹某因 B 公司与 A 公司的经营转让行为而陷入错误认识，因此，曹某根据《消费者权益保护法》请求支付三倍服务费的赔偿请求，缺乏依据，未获得法院支持。

三、专家建议

消费者选择健身场所，在签署合同时，应关注健身场所的经营主体名称、收款账户、发票出具单位等信息。如果这三者存在不一致的，可要求健身场所书面说明原因。在合同履行期内，健身场所发生转手导致服务合同不能继续履行时，消费者有权要求相关经营主体返还未履行完毕的服务合同款项。如消费者认为商家存在欺诈，应注意保留、收集与欺诈相关的证据，特别是商家的虚假陈述或行为导致消费者陷入认识错误方面的直接证据。另外，如果商家为一人有限公司，还可在起诉时将该一人公司的股东作为共同被告，以尽最大可能挽回损失。

四、关联法条

《民法典》第四百六十五条、第五百零九条、第五百六十三条、第五百六十五条、第五百六十六条、第五百七十七条；《公司法》第六十三条。

安全保障义务与自冒风险原则如何平衡

酒店附带提供攀岩之类的高危险性体育活动，应获得主管部门的审批且提供具备资格证书的社会体育指导人员，否则将被视为未尽到安全保障义务。如消费者在活动中受到人身、财产损害，酒店应承担赔偿责任。户外攀岩属于高风险的活动，攀岩运动种类不同于一般的无风险、易于驾驭自身安全的项目，参与者应当对自身安全和具体操作保持较高程度的注意义务，这是源于攀岩运动本身的内在风险使然，应适度适用自冒风险原则，酌情确定参与者自行承担部分责任。

一、案例简介

（一）基本案情

2017 年 9 月，黎某预订了 C 公司在广西桂林市某酒店（以下简称某酒店）高级客房两间，入住时间为 2017 年 9 月 9 日至 2017 年 9 月 12 日，为期三天。

2017 年 9 月 10 日，黎某参加酒店提供的室外攀岩项目（攀岩项目业主为 D 公司所有），在攀岩过程中受伤。在酒店医务室做简单治疗后，黎某于 2017 年 9 月 12 日前往南宁并入住广西壮族自治区某医院住院接受治疗，至 9 月 18 日出院，住院期间花费医疗费共计 10123.93 元。出院诊断：右内踝骨折。出院医嘱：（1）注意休息，加强营养，全休一个月；（2）一个月内避免右下肢负重及剧烈活动，逐步恢复活动，嘱使用拐杖辅助活动；（3）出院后当地医院隔日换药，两周后当地医院拆除皮钉；（4）出院一个月后骨科门诊复诊，指导功能锻炼，不适随诊。

2018年12月18日，黎某至天津市某医院住院治疗，于12月22日出院。入院诊断：右内踝骨折内固定术后。出院诊断：右内踝骨折内固定术后。出院医嘱：（1）继续对症治疗，隔日换药，保持伤口清洁干燥，定期门诊复查，择期拆线；（2）注意饮食，加强营养，适当锻炼；（3）不适随诊。期间，黎某花费住院医疗费9694.68元。

另查明，黎某受伤前职业为航空公司飞行员，受伤前一年（2016.09—2017.08）总收入为2682516元，受伤后停飞期间（2017.09—2018.05）的收入为1236951元。

攀岩馆于事故发生后，某酒店在2018年10月18日获得桂林市体育局颁发的《高危险性体育项目经营许可证》。

黎某向一审法院起诉请求：（1）判令C公司和D公司赔偿侵权损失，包括医疗费、误工费、住院伙食补助费等共计469264.1元；（2）判令C公司和D公司承担本案诉讼费、邮寄费等费用。[①]

（二）法院判决

1. 一审判决

一审法院判决：（1）被告C公司赔偿黎某各项损失合计人民币469264元；（2）驳回黎某的其他诉讼请求。案件受理费8338元，由被告C公司负担。

C公司不服一审判决，提出上诉请求：（1）判决撤销一审民事判决；（2）改判驳回被上诉人黎某对上诉人的全部诉讼请求。

---

① 详可参见广西壮族自治区桂林市中级人民法院（2020）桂03民终1561号民事判决书。

2. 二审判决

二审法院判决：驳回上诉，维持原判。

二、以案说法

本案争议焦点在于：一是 C 公司、D 公司是否承担损害赔偿责任；二是黎某是否存在过错。

关于争议焦点一，C 公司所经营的酒店是否尽到合理限度范围内的安全保障义务。根据《最高人民法院关于审理人身损害赔偿案件适用法律若干问题的解释》第六条的规定，"从事住宿、餐饮、娱乐等经营活动或者其他社会活动的自然人、法人、其他组织，未尽合理限度范围内的安全保障义务致使他人遭受人身损害，赔偿权利人请求其承担相应赔偿责任的，人民法院应予支持"。在黎某已举证证明损害的发生、损害的后果，以及损害系因被告未能提供合理限度范围内的安全保障义务所导致，且被告方未能提供相反的证据予以证明，应承担不利后果。

C 公司经营的酒店未获得主管部门的高危险性体育项目审批，且未提供具备资格证书的社会体育指导人员，应视为未尽到安全保障义务。

黎某在酒店内进行消费，属于消费者。消费者在购买、使用商品和接受服务时，享有人身、财产安全不受损害的权利。消费者因购买、使用商品或者接受服务受到人身、财产损害的，享有依法获得赔偿的权利。消费者的权利对应的就是经营者的义务。经营者应当保证其提供的商品或者服务符合保障人身、财产安全的要求。对可能危及人身、财产安全的商品和服务，应当向消费者作出真实的说明和明确的警示，并说明或标明正确使用商品或者接受服务的方法以及防止危害发生的方法。案涉酒店作为经营场所，其提供的攀岩项目未按照规定办理《高危险性体育项目经营许可证》及未提供具备资质的社会体育指导员，应视为未能提供保障人身安全的服务，故应承担侵权责任。

被告 D 公司作为室外攀岩项目的所有权人，其将该项目交由 C 公司经营管理，实际经营管理者为 C 公司，D 公司未参与涉诉酒店及相关活动项目的管理与经营，对该项目的开展与否无直接的控制与管理。黎某诉请 D 公司承担赔偿责任无法律依据。

关于争议焦点二，该争议焦点系攀岩过程中黎某自身是否存在过错的问题，即黎某在攀岩过程中是如何掉落在地导致受伤的。黎某在 C 酒店提供的场所接受该酒店人员服务，在被告的组织下进行攀岩。被告需提供专业的指导人员，攀岩者仅需在指导人员的指导并配合下进行操作。但户外攀岩属于高危险性、高风险的活动，该户外运动种类不同于一般的无风险、易于驾驭自身安全的项目，包括黎某在内的每一个参与者都应当对自身安全和具体操作保持较高程度的注意义务，这是源于该活动本身的内在风险使然。在这个户外运动中，双方均未举证符合安全规范的训练标准，在判断责任之时，对风险本身的注意义务和对安全方面的保障义务均应综合予以考量，应适度适用自冒风险原则，酌情确定黎某自行承担部分责任，由被告方 C 公司承担 80% 的侵权赔偿责任。

三、专家建议

从事住宿、餐饮、娱乐等经营活动或者其他社会活动的自然人、法人、其他组织，应对其经营范围内的场所安全性负责。如果计划开展高危险性体育活动，应提前获得主管部门的审核许可，同时在活动开展过程中提供必要的安全保障人员和保障措施。作为参与该项高危险活动的个人而言，应对自身的身体条件、运动能力、运动风险有充分的认识，尽量避免参加超出自身接受能力之外的活动。

四、关联法条

《中华人民共和国消费者权益保护法》第七条、第十一条、第十八条；《消费者权益保护法实施条例》第七条；《最高人民法院关于审理人身损害赔偿案件适用法律若干问题的解释》第六条、第二十条。

私教频繁换，学员是否可以解约

"私人教练"模式下，教练与学员之间比较熟悉，有利于学员健身目标的达成。在原来的"私人教练"不能持续提供私教服务而频繁更换教练时，所谓的""私人教练""变成了共享教练。如果消费者与健身公司在服务合同中约定，教练离职、离岗时，健身公司只负责更换教练但不予解约退费，那么消费者可以以原"私人教练"不能继续提供健身培训服务为由解除与健身公司的健身合同，要求退还未履行期限内的服务费，积极维护自己的权益。

一、案例简介

（一）基本案情

2021年7月11日，张某（乙方）与E公司（甲方）签订第一份《"私人教练"训练计划及课程合同》，约定：会员卡类型（私教次卡），课程数量25节，优惠单价260元/节，课程总价6500元，课程有效期自2021年7月11日至2022年7月11日。2021年8月31日，双方签订第二份《"私人教练"训练计划及课程合同》，约定：会员卡类型（私教次卡），课程数量50节，优惠单价260元/节，课程总价13000元，课程有效期自2021年8月31日至2022年8月31日。前述两份合同中均约定，"私人教练"课程费用包含课程设计和规划费用，自合同签订起7日后乙方开始使用课程即视为甲方全部设计与规划工作立即生效，此后将不予退款，设计与规划占据课程总价的 50%，执行费用占 50%。

张某陈述称：（1）2021 年 7 月 5 日，张某与 E 公司员工张某 2 的微信聊天记录显示，张某说："现在暑假，我可能经常出门旅行，近期可能没办法特规律地锻炼。"张某 2 回复："您激活以后这 50 节课永远不会过期的。"（2）2021 年 7 月 12 日，张某微信记录显示"微信转账 6500 元"，张某 2 微信显示"已收款 6500 元"。（3）2021 年 8 月 31 日，张某微信记录显示"合同明天签，但要注明我中途不换教练，如果教练徐某带不了我就把课退了"，张某 2 回复"好的"。（4）2021 年 8 月 31 日付款截图，显示"张某通过张某 2 提供的扫码付款 13000 元"。（5）2023 年 2 月 10 日，张某与其"私人教练"徐某的微信记录显示，张某问："你现在还在吗，我可以约课吗？"徐某回复："不在那边。"

E 公司表示张某的"私人教练"徐某还在公司，但无法按照法院要求通知张某 2、徐某到庭接受质询。

因原来固定的"私人教练"不能继续提供教练服务，张某向一审法院起诉，诉讼请求为：（1）解除与 E 公司签订的两份《"私人教练"训练计划及课程合同》，E 公司按剩余课时数量全额退还课时费 16120 元（260 元 / 节，62 节）；（2）E 公司承担诉讼费用。①

（二）法院判决

1. 一审判决

一审法院判决：（1）解除张某与 E 公司签订的《"私人教练"训练计划及课程合同》；（2）E 公司于判决生效之日起七日内退还张某合同款 16120 元。E 公司不服判决，提起上诉。

---

① 详可参见北京市第二中级人民法院（2023）京 02 民终 9710 号民事判决书。

2. 二审判决

二审法院判决：驳回上诉，维持原判。

二、以案说法

本案的争议焦点为 E 公司是否应当向张某退还相应的课时费用。根据已经查明的事实，张某主张退款的理由主要有：（1）原来固定的"私人教练"更换，其对更换后的教练不满意；（2）E 公司员工与张某微信沟通时同意，如果更换教练则可退还张某合同款。

E 公司虽称张某的指定教练仍在公司，但未提交该指定教练可以按照合同约定进行课程培训的相关证据，故无法认定张某指定的教练仍可按照合同约定对张某进行培训。"私人教练"服务带有较强的人身依附属性。教练与学员之间一对一的服务关系，构成了合同的重要组成部分，也是 E 公司约定的交付形式。E 公司认可张某 2 系其公司时任员工，担任私教部经理职务。张某 2 曾向张某做出承诺，同意若无法按照张某的要求由指定教练进行培训，则按退课处理。E 公司在上诉理由中称张某 2 无法代表公司意思，其作出的承诺仅视为个人承诺的上诉意见，法院不予支持。在 E 公司不能提供约定的"私人教练"服务的情形下，张某有权解除与 E 公司签订的《"私人教练"训练计划及课程合同》，并有权要求 E 公司按照未上课数量与合同总金额的比例，退还相应课时费用，而非 E 公司所称只退还执行费的一定比例。

三、专家建议

"私人教练"服务带有较强的人身依附属性，特定的教练与消费者之间的教练服务关系，是消费者选择建立合同关系的重要原因。如果健身场所频繁更换健身教练，则会影响消费者的健身计划和目标，也不符合建立"私人教练"服务合同关系的初衷。健身场所如果出现教练离职、转岗等不能继续向对应的私教学员提供服务的情形，一定要与消费者提前沟通，安排不低于原私教标准的人员继续提供服务，并取得学员的认可，否则很可能承担违约责任。

四、关联法条

《民法典》第一百五十八条、第一百七十二条、第五百六十三条、第五百六十六条。

不能履行合同不等于欺诈，三倍赔偿难度大

消费者在签署预付费服务合同后可享受相应的服务，如果商家不能按照约定提供服务，需要承担返还合同款项的责任。消费者主张经营者另外支付三倍金额的赔偿责任能否得到支持，还需要结合个案的事实情况，看经营者是否存在欺诈的故意，是否存在故意设置消费陷阱、强制提供服务的情形。如果没有足够的证据，法院一般难以支持消费者三倍赔偿的主张。

一、案例简介

（一）基本案情

G公司系提供瑜伽健身服务、文化艺术交流服务等项目的商业性有限责任公司。2017年3月24日，经G公司店员孙某介绍，郝某愿意接受G公司提供的瑜伽健身服务，双方为此建立了瑜伽健身服务的口头合同。郝某向G公司预交了服务费3000元，G公司向郝某出具了收据并向郝某交付了编号为600298的金卡一张，郝某持该金卡可以在G公司处接受服务或购买健身产品。郝某在G公司处上了四节课时，G公司按每一节课时200元的标准计收服务费。2019年1月10日，G公司停止营业，未向郝某提供服务。郝某曾找到G公司的员工孙某询问有关事宜及催讨预交的服务费用，孙某向郝某出具了欠付培训费2200元的证明。其后，郝某以G公司提供服务存在欺诈向有关机关投诉及向媒体反映曝光该公司

欺诈消费者的行为，但其权利未得到进一步的维护。

郝某向一审法院起诉请求：（1）解除与 G 公司签订的瑜伽服务口头合同；（2）返还服务款 2200 元并赔偿经济损失（以 2200 元乘以三倍损失计算方式、刻制光盘的费用 30 元）；（3）公告费及诉讼费由 G 公司承担。①

（二）法院判决

1. 一审判决

一审法院判决：（1）解除郝某与 G 公司签订的瑜伽健身服务口头合同；（2）G 公司退还郝某服务费用 2200 元并赔偿损失（以 2200 元为基数，自 2019 年 5 月 21 日起，按照中国人民银行贷款基准，参照逾期罚息利率标准计算至 2019 年 8 月 19 日；自 2019 年 8 月 20 日起，按照全国银行间同业拆借中心公布的贷款市场报价逾期利率计算至实际清偿之日止）；（3）G 公司赔偿郝某光盘刻制费 30 元；（4）驳回郝某的其他诉讼请求。

郝某不服一审判决，提出上诉，上诉请求为：（1）坚持一审的请求，退一返三，即返还服务款 2200 元并赔偿经济损失（以 2200 元乘以三倍损失计算方式、刻制光盘的费用 30 元）；（2）本案二审诉讼费由 G 公司承担。

2. 二审终审判决

二审法院判决：驳回上诉，维持原判。

二、以案说法

本案系服务合同纠纷，双方之间的服务合同关系事实清楚，权利义务明确。G 公司在合同履行期间擅自停止经营，致使郝某不

---

① 详可参见山东省枣庄市中级人民法院（2020）鲁 04 民终 2704 号民事判决书。

能继续接受服务，G公司的行为构成违约，一审判令解除双方之间的合同并由G公司赔偿郝某经济损失并无不当。郝某主张G公司存在欺诈，认为应适用惩罚性赔偿。对此，法院认为，一方当事人故意告知对方虚假情况，或者故意隐瞒真实情况，诱使对方当事人作出错误意思表示的，可以认定为欺诈行为，原《合同法》第一百一十三条（现《民法典》第五百八十四条）、《消费者权益保护法》第五十五条第一款均对经营者提供服务存在欺诈行为的处理作出了明确规定。民商事主体设立公司的一般目的在于营利，尽管郝某曾向公安机关控告G公司涉嫌诈骗刑事犯罪，但公安机关并未立案受理。G公司在停止经营后，也应郝某的要求出具了欠费证明，现有证据不足以认定G公司构成欺诈。一审根据在案证据并结合合同的签订、履行及G公司停止经营时间，作出不足以认定G公司签订合同时存在欺诈行为，也不足以认定G公司提供服务时存在故意设置消费陷阱、强制提供服务等情形的判断没有不当，一审适用合同法关于违约赔偿的规定亦正确。

G公司的违约行为对郝某造成的财产损失，应以支付逾期付款利息的方式，参照《最高人民法院关于审理买卖合同纠纷案件适用法律问题的解释》关于违约责任的规定予以支持。关于郝某诉请判令G公司赔偿其刻制光盘支出的费用30元及诉讼期间应支出的公告费，因上述费用的支出为郝某维护权益及诉讼必须支付的固定费用，该费用的支出与G公司的违约行为具有关联性，故原审法院依法予以支持。

三、专家建议

消费者在选择维护自身合法权益时，需要对权利来源和权利基础有较为客观、全面的认识。一般来讲，如果商家仅仅是因为经营不善而不能继续履行合同，消费者可以要求解除未履行完毕的合同，返还合同款项中对应金额，可同时主张该部分款项的资金利息。但如果要求商家承担三倍合同金额的赔偿责任，还需要消费者证明商家存在欺诈行为。关于欺诈的认定，要符合故意告知虚假情况，或者故意隐瞒真实情况，诱使消费者作出错误意思表示。而此项认定的举证责任较高，消费者需提交较为全面的证据，理性维权。

四、关联法条

《民法典》第一百一十九条、第五百零九条、第五百六十三条第一款第（二）项、第五百六十六条、第五百七十七条、第五百八十三条、第五百八十四条。

十二、其他消费纠纷

价值上万元的快递丢了怎么赔

随着网上购物、海外代购、微商等各类网络消费的逐年增长，快递行业引来了高速发展，在此背景下，快递毁损、丢失的新闻屡见不鲜。发生了快递毁损丢失事件之后，谁来承担损失，如何分担损失成为了公众关心的热点问题。尤其是现如今快递网上"扫码下单"的形式居多，在交易更加方便快捷的同时，也带来了诸多问题，特别是在涉及限额赔偿条款时，更是纠纷多多。作为消费者，应该如何维护自身的合法权益呢？

一、案例简介

（一）基本案情

2019年8月9日，姜某通过网络购物进行新鞋试穿，试穿结束后通过某快递公司某地营业部将价值26380元的男鞋退回，不料快递公司在运输途中将快递遗失，姜某因此蒙受了巨大经济损失。此后姜某多次与该快递公司该营业部协商赔偿事宜均未成功，因此姜某将该快递公司营业部诉诸法院，要求返还寄递费用，同时赔偿鞋子费用26380元。快递公司表示愿意返还寄递费用，但无法确认遗失鞋子价值且姜某选择的是低价服务项目，没有选择保价，因此应该受到"限制赔偿条款"的限制，故不同意赔偿鞋子 26380 元。[①]

（二）法院裁决

1.一审判决

关于案涉邮费，因被告同意退还，所以一审法院予以确认。关于案涉鞋款，一审法院认定本案中的"限制赔偿条款"属于格式条款，虽然不存在条款无效的情形，但是因被告未尽到提示和说明义务，且存在重大过失，故被告无权主张适用《国内邮件电子详情单服务协议》的赔偿限额规定，应当赔偿原告 26380 元损失。一审法院判决被告快递公司退还姜某邮费 24 元，并赔偿26380 元，合计 26404 元，案件受理费由被告承担。

2.二审判决

一审判决后，被告不服提起上诉，主张姜某系律师且多次寄件，应该清楚保价与否的区别与法律后果。二审法院认为法律已明确规定格式条款的提供方应尽提示、说明义务，该义务并不因为合同相对方可能或应当知晓相关条款的内容而得以免除，故快递公司的辩解法院未予采纳，最终维持原判。

二、以案说法

本案中的争议焦点主要有两个：一是本案诉争的邮寄物品及其价值；二是本案诉争的邮寄物品的丢失赔偿的标准认定，即赔偿标准是按照丢失物品的实际价值还是按照合同约定进行赔偿，如没有保价，限制赔偿条款能否适用。

（一）案件争讼的邮寄物品价值如何确定

本案中快递公司两次答辩均主张案涉邮寄物品无法确认价值，

---

① 详可参见江苏省溧阳市人民法院（2019）苏 0481 民初 7879 号民事判决书。

但法院根据原告提供的快递回执、物流信息载明的寄件人、收件人信息，以及皮鞋商家出具的证明、收条载明的内容，结合银行交易明细，相互印证，最终认定原告寄递的物品为 k 牌皮鞋一双，且案涉寄递服务起源于新鞋试穿，尚不存在贬值可能，故一审、二审法院均认定案涉皮鞋价值为 26380 元。而被告负有对皮鞋验视的义务却没有验视，因此其主张鞋子价值无法确定的说法法院不予采信。

（二）"限制赔偿条款"能否适用

1. 格式条款的定义

格式条款是当事人为了重复使用而预先拟定，并在订立合同时未与对方协商的条款。采用格式条款订立合同的，提供格式条款的一方应当遵循公平原则确定当事人之间的权利和义务，并采取合理的方式提请对方注意免除或者限制其责任的条款，按照对方的要求对该条款予以说明。本案中约定的有关邮件丢失赔偿限额条款系快递公司为了重复使用单方制定，系格式条款。

2. 格式条款的无效

作为格式条款的提供方，应遵循公平原则确定双方的权利和义务，采取合理方式提请对方注意该条款，并对该条款予以说明。本案中，在寄件人首次使用手机微信扫描寄件二维码后，再次通过该手机微信下单，显示的下单界面已默认勾选包含"限制赔偿条款"的文件，且快递公司未能提交证据证明自己已采取合理方式提请姜某注意及向其说明该条款，故该条款属无效条款，快递公司不能依据此条款确定赔偿额。

（三）快递公司是否存在重大过失

快递公司是否存在重大过失关系到其赔偿责任的大小。由于快递公司未对货物进行检视、未采取合理方式提请寄件人注意并说明格式条款、因内部管理问题造成邮件丢失，存在重大过失，故按照《邮政法》第四十七条的规定，无权援用该条第一款的限制赔偿责任。

三、专家建议

如果经营者在下单界面设置默认勾选的方式的话，且没有采取合理方式提请消费者注意勾选内容的话，属于侵害消费者的自主选择权的行为。消费者在"网上下单"时，对于需要"勾选"的内容，一定要认真阅读，尤其是系统默认的条款内容，在确认无误之后再点击确认。同时，消费者应关注与众不同的字体字号，这部分内容属于与消费者自身权益息息相关的格式条款，确保知晓有关格式条款的内容，最大程度保护自己的权益不受侵害。

四、关联法条

《民法典》第七条（原《民法总则》第七条）、第四百九十六条、第四百九十七条、第五百零二条、第五百零六条、第五百零九条、第五百七十七条（原《合同法》第三十九条、第四十条、第四十四条、第五十三条、第六十条、第一百零七条）；《邮政法》第二条、第十五条、第二十二条、第二十五条、第四十五条、第四十六条、第四十七条；《最高人民法院关于适用〈中华人民共和国民法典〉合同编通则若干问题的解释》第十条；《最高人民法院关于适用〈中华人民共和国民事诉讼法〉的解释》第九十条、第九十一条。

租来的车发生事故谁来赔

"来一场说走就走的旅行""去西藏来一场自驾游吧"……每年的旅游旺季，汽车租赁市场都会迎来爆发性增长。然而，"五花八门"的租车渠道，良莠不齐的租赁公司，带来了报价不清、隐性条款多、管理不规范等各种乱象，不仅损害消费者权益，也影响了行业健康发展。在一些社交平台上，租车公司给出的价格看似很优惠，但真正去租车的时候才发现，优惠背后有着各种隐藏条款。作为消费者，我们该如何维护自己的合法权益呢？

一、案例简介

（一）基本案情

2018年11月8日，杨某通过S租车APP向S公司租赁了一辆小型客车（机动车行驶证载明的使用性质为非营运），取车日期为2018年11月8日，还车日期为11月12日。该小型客车在T保险公司投保了交强险和第三者责任险5万元，并投保了不计免赔。2018年11月11日，杨某驾驶该小型客车与案外人A发生碰撞，造成车辆损坏的交通事故。该事故杨某负事故的全部责任，A无责任。为此，A支出汽车维修费48万元。T保险公司仅承担了5万元的赔偿责任，剩余的部分均由杨某承担，因此杨某诉至法院，请求法院判决S公司承担剩余赔偿金。S公司主张其并非合同的当事人。另查明：杨某向S公司租赁车辆时购买了尊享服务，租车 APP 内容中对尊享服务的说明中承诺在消费者购买尊享服务后，无须承担保险理赔范围内的损失以及保险理赔范围外的轮胎损失。S 公司在保险责任中承诺承租人的第三者责任险为 20 万元。[①]

（二）法院裁判

1. 一审判决

法院对于被告答辩所称与原告签订合同的是其子公司，故其非合同当事人这点不予认可，法院依法认定原被告之间存在车辆租赁关系。S 公司明确承诺第三人责任险为 20 万元，实际仅投保 5 万元，使杨某承担了 15 万元本不应承担的损失。因此法院判决 S 公司赔付杨某 15 万元，对于剩余部分款项不予支持。

2. 二审判决

杨某不服一审法院判决提起上诉，二审法院认为一审法院按照约定的保险金额判决 S 公司就差额部分向杨某进行赔偿，有合同及法律依据。杨某上诉提出在此范围外 S 公司还应赔偿其他事故赔偿款及前案的诉讼费、执行费，缺乏事实及法律依据，不能成立。

二、以案说法

本案中的争议焦点主要有两个：一是原告杨某与被告 S 公司之间是否存在车辆租赁关系；二是被告 S 公司是否要承担其承诺的 20 万元之外的赔偿费用。

（一）诚信原则与禁反言原则：原告杨某与被告 S 公司之间是否存在车辆租赁关系

"禁止反言原则"源自衡平法的公平正义理念。其含义是一方

---

① 详可参见江苏省苏州市中级人民法院（2020）苏 05 民终 6225 号民事判决书。

当事人在诉讼或者仲裁中的言行已使对方当事人产生了某种合理期待，当对方按照此合理期待行为时，该当事人却作出与此前相反或相矛盾的言行，侵害对方当事人利益的行为，可以依照诚实信用原则对其言行的法律效果予以否定。

我国民事法律及司法解释中并无"禁止反言"的明确规定，但禁止反言的内涵仍然体现于民商实体法及司法解释的某些具体条文中。如《民法典》第七条规定："民事主体从事民事活动，应当遵循诚信原则，秉持诚实，恪守承诺。"该条款为诚实信用原则，直接体现了禁止反言原则。本案中，被告以案件涉讼车辆为其子公司对外租赁车辆为由主张其并非合同的当事人，法院对此未予认可。因为在案外人 A 提起诉讼后，在该案的判决书中已经确认杨某向 S 公司租涉讼车辆的事实，S 公司也予以确认，现 S 公司不认可与杨某之间的车辆租赁关系违反了禁反言原则与诉讼诚信，故法院不予采信。

（二）公平责任原则：被告是否要承担其承诺的20万元之外的费用

公平责任原则是指在加害人和受害人双方对损害的发生均没有过错，而又无法律规定可赔偿的情况下，由裁判机关根据公平原则合理分配损失的规则。《民法通则》首创了我国的公平责任制度，《侵权责任法》沿袭了这一规则，而《民法典》第一千一百八十六条则极大地改变了这一规则，需依照法律规定由双方分担损失。民法典时代，对于公平原则的适用比起以往更加严格，增加了由法律规定这一要件。公平原则不再是口袋条款，以前可以将公平原则作为主要裁判余地的案子可能将不再有适用的余地。本案中，原告杨某在一审与二审中均主张 S 公司将营运车辆登记为非营运性质，享受权利却不履行义务，其享有高额的收益却承担极小的责任，有违公平，对杨某的损失，应当按照公平原则由 S 公司承担。虽然本案发生在民法典时代以前，但是法院仍然坚持对公平原则的适用严格把关，对于杨某的主张未予采信。

三、专家建议

消费者在租车时应选择正规车行，注意核对车辆租赁信息。在交接车辆时，承租人需要认真细致地进行车况检查，尽可能地利用拍照或录制视频的方式将车辆交接时的实况进行记录，以免产生不必要的纠纷，同时要关注保险内容和额度，问清车辆的保险情况，在发生事故之后才能更好地保障自己的权益。

四、关联法条

《民法典》第一千二百零九条与一千二百一十三条（原《侵权责任法》第四十九条）、第五百条（原《合同法》第四十二条）、第五百七十七条（原《合同法》一百零七条）。

充值最低额限设定合理吗

　　互联网信息时代，各种与人们的学习生活息息相关的网站与APP兴起，这些互联网工具的出现带来了极大的便利，但是，网站与APP往往不是免费的，多种多样的收费方式中，有一种收费方式需要消费者先在网站或APP上充值，甚至经营者会单方设定最低充值条款。消费者充值后，消费剩下的金额的退回经常困难重重。那么，经营者这样的最低充值行为是否合法呢？碰到这种情况，消费者又该如何维护自己的合法权益呢？

一、案例简介

（一）基本案情

　　2017年5月9日，刘某在Z公司运营的Z网站上通过支付宝充值50元，Z公司对于用支付宝方式充值的最低额限制设定为50元。后刘某于充值当日至2018年6月2日期间在Z网站合计消费9元，账户余额共41元。2018年10月21日，刘某电话联系Z网站的客服，询问是否可以自定义充值及账户余额能否退还，客服答复不可以自定义充值，不同的充值方式对于最低充值金额有不同规定。对于多余的金额可以退还，但退款周期长，还需扣除一定的手续费，如需继续使用Z网站，建议先不退款。2018年11月6日，刘某以Z公司作出的最低充值金额限制及账户余额不能退还的规定侵犯其权益为由将Z公司起诉至法院，诉请法院判令被告Z

公司制定的最低充值金额限制条款无效，同时将 41 元退还。另查明：Z 网站充值中心上列明多种充值方式，其中支付宝的充值最低限额为 50 元，其他部分支付方式也设定了不同金额的最低充值额限制。Z 网站在其帮助中心网页"答读者问"一栏写道："个人用户没使用完的金额是否可以退订？账户余额不支持转出功能，购买的充值金额没有时间限制，用完为止。"刘某提起本案诉讼后，Z 公司将该问答内容删除。①

（二）法院裁判

一审法院认为 Z 公司的最低充值金额限制条款限制了消费者的自主选择权，限制了消费者的权利，是对消费者不公平、不合理的规定，应认定无效，同时因为在刘某将 Z 公司诉至法院之后，Z 公司就已经将 41 元退还给刘某，故法院判决驳回刘某的要求返还 41 元的诉讼请求。

一审法院判决作出后，各方均未提起上诉，一审法院判决生效。

二、以案说法

本案的争议焦点在于 Z 公司设定最低金额限制条款是否侵犯了消费者的自主选择权？最低金额限制条款是否属于 Z 公司所辩称的"商业惯例"？

（一）消费者的自主选择权

我国《消费者权益保护法》第九条规定，消费者享有自主选择权，具体表现在其有权自主选择商品或者服务的经营者，有权选择商品品种和接受服务的内容及方式，有权决定是否购买任何

---

① 详可参见江苏省苏州市姑苏区人民法院（2018）苏 0508 民初 7333 号。

一种商品和接受任何一种服务，其他人不得干涉和阻挠，有权在选择商品或服务时对其样式、价格等进行同类比较、挑选。应该说，消费者的自主选择权强调了消费者在购买商品或接受服务过程中的自由意志，是民法意思自治原则在消费领域的集中体现，是消费者所享受的权利里面最基础最核心的权利。经营者不得以格式条款、通知、声明、店堂告示等方式，作出排除或者限制消费者权利、减轻或免除经营者责任、加重消费者责任等对消费者不公平、不合理的规定，不得利用格式条款并借助技术手段强制交易。格式条款、通知、声明、店堂告示等含有前款所列内容的，其内容无效。

本案中，Z公司在Z网站上关于最低充值额限制的规定导致消费者为消费几元需最低充值10元至50元。虽然账户余额可以退还，但Z公司称退还需扣除手续费，故Z网站对于最低充值额的设定占用了消费者的多余资金，且收取退款手续费也增加了消费者的负担，该规定侵犯了消费者的自主选择权，限制了消费者的权利，是对消费者不公平、不合理的规定，其内容应认定无效。

（二）最低金额限制条款不属于"商业惯例"

Z公司辩称，其设定不同的支付方式有不同的最低额限制本意是出于提高用户使用效率，且该方案执行多年均获得了用户的认可，因此最低金额限制条款属于商业惯例。学理上一般认为，惯例或习惯都是一种行为模式，是为了达到确定的利益诉求。惯例是在与其他利益相关者正当利益不相冲突的前提下有利于自己的行为模式，即首先要在法律上合法，同时要在经济上节约，这样的惯例才具有法律效力。被告Z公司口中的"商业惯例"，只有符合了法定条件，才能被认定为商业惯例，并最终对消费者产生效力。但Z公司最低金额限制条款侵犯了消费者的自主选择权，违反了《消费者权益保护法》的规定，不属于其辩称的"消费惯例"。对于其主张的用户的认可，系因本案的最低充值金额较低，故大多数消费者尚可忍受，也未提出异议，但该做法的负面示范效应仍应引起重视并加以规范、指引，商家应在充值时允许消费者对于充值金额进行自定义。

三、专家建议

网络时代的消费方式五花八门，但作为消费者应牢记我们的自主选择权是受到法律保护的。经营者单方设定的最低充值金额条款会侵犯消费者的自主选择权、无故占用资金，属于限制我们消费者合法权益的格式条款，系不公平、不合理的规定，因而是无效的。在遇到最低金额限制时，我们要拿起手中法律武器，积极捍卫自身的合法权益，监督经营者承担起其企业责任，提升服务能力与服务水平。

四、关联法条

《消费者权益保护法》第九条，第二十六条第二款、第四款；《消费者权益保护法实施条例》第十一条、第十七条。

"重大疾病释义"实践中如何认定

2005 年发生了保险业"重疾门"事件，当时"重疾保死不保病"的现象引发了热议。保险条款是否公平合理一直是消费者关心的热点问题，其中，重大疾病释义条款，一直处于保险业和普通消费者之间冲突的风口浪尖上。实践中，保险公司滥用"疾病释义"条款免除理赔责任的情况屡见不鲜，那么"重大疾病释义"在实践中到底是如何认定的呢?

一、案例简介

（一）基本案情

原告温某向 B 人寿保险公司购买了保险服务，签订了《重大疾病保险合同》，保险合同中明确约定了保险金的给付条件，温某于罹患疾病进行手术后向保险公司请求给付保险金，保险公司以"本次申请不符合《重大疾病保险合同》约定的保险金给付条件"为由，拒绝赔付保险金。温某诉至法院，请求法院判决 B 人寿保险公司向温某支付保险金并豁免确诊之日后各期保险费用，同时返还温某确诊之后向 B 公司支付的第二期保险金。[1]

---

[1] 详可参见广东省广州市中级人民法院（2021）粤 01 民终 12850 号。

（二）法院裁判

1. 一审判决

一审法院认为，原告温某依据合同中"腔静脉过滤器植入术"向被告 B 人寿保险公司提出理赔申请，但依据合同中"腔静脉过滤器植入术"的释义："腔静脉过滤器植入术指经认可医院的专科医生证明有反复肺栓塞发作及抗凝治疗无效而必须接受手术植入腔静脉过滤器"，现原告经诊断患左下肢深静脉血栓形成、左下肢静脉炎和血栓性静脉炎等，虽然原告于住院治疗期间接受了"下腔静脉滤器植入术"，但其并非因"反复肺栓塞发作及抗凝治疗无效而必须接受手术植入腔静脉过滤器"，据此，法院对原告的诉请不予支持。

2. 二审判决

二审法院认为"腔静脉过滤器植入术"的释义超出了一般人的认知，限缩了对疾病的理赔范围，是为免责条款，此时保险公司负有说明义务，但是保险公司并没有尽到提示说明义务，因此该条款不成为合同的内容，不对温某发生效力。

二审法院撤销了一审法院的判决，支持了温某的诉求。

二、以案说法

本案的争议焦点在于 B 人寿保险公司是否应向温某支付保险金并豁免确诊之日后各期保险费，关键在于对于"腔静脉过滤器植入术"的释义性质如何认定。

（一）重大疾病释义性质认定

结合我国重大疾病保险发展及现代医学最新进展情况，中国保险行业协会与中国医师协会于 2020 年 11 月 5 日联合发布了《重大疾病保险的疾病定义使用规范（2020 年修订版）》。虽然该规范一定程度上缓解了消费者与保险公司之间的矛盾，但实践中对于重大疾病释义仍然存在较大争议。最大的争议焦点就是：重大疾病释义条款究竟是否属于《保险法》第十七条规定的免责条款。有利于消费者的观点认为，重大疾病的定义限制了消费者选择就医的权利，减轻、免除、限制了保险公司的保险责任，属于免责条款；保险人未尽免责条款的提示和明确说明义务的，该条款不发生法律效力。有利于保险公司的观点认为，重大疾病释义条款置于合同"释义"部分，系对合同所涉重要术语进行的解释和列明，并不存在免除或者减轻保险人责任的情形，不属于保险法规定的免除保险人责任的条款，因此保险公司没有提示与说明的义务。实践中对于这两种观点，均有较多司法判例支持。本案中，法院采取了有利于消费者的观点，将"腔静脉过滤器植入术"释义解释为免责条款。

（二）合理期待原则

合理期待原则是美国保险法上的概念，其目的在于保护处于弱势地位的投保人、受益人的利益，对投保人、受益人与保险公司之间的利益进行衡平。在审判实践中适用合理期待原则，意味着综合考量投保过程中投保人、受益人对保险合同内容的理解，在理性第三人通常认识的基础上确定保险合同的合意内容，将被保险人对格式条款的客观合理期待补充进来探查缔约双方内心的真实意思。遵循合理期待原则，保险条款的疾病定义超出一般投保人依其常识的合理的期待时，则认定疾病释义条款为免责条款。同时，该原则也被纳入了监管规定，我国《健康保险管理办法》第22条规定："保险公司拟定医疗保险产品条款，应当尊重被保险人接受合理医疗服务的权利，不得在条款中设置不合理的或者违背一般医学标准的要求作为给付保险金的条件。"本案中，要求投保人作为一个不具有医学知识的普通人意识到做"下腔静脉滤器植入术"可以理赔的前提是"反复肺栓塞发作及抗凝治疗无效而必须接受手术植入"是不现实的，且不符合通行的诊疗标准，故即便 B 人寿保险公司人以明示方式确定了重大疾病释义条款，而且也有一定的证据证明其履行了提示和说明义务，仍然可以根据合理期待原则认定该释义条款属于免责条款。

三、专家建议

保险合同中的"疾病释义"条款应该符合通常认知和通行的诊疗标准，如果过度限缩对疾病的理赔范围，超出一般人的认知范围，则应视为免责条款，此时保险公司应向投保人履行提示说明义务，让投保人充分了解其所投保的重大疾病保险的责任范围等重要事项。否则，该"疾病释义"条款就不能对投保人发生效力，自然也不能成为保险公司免责的依据。

四、关联法条

《民法典》第四百九十六条第二款;《最高人民法院关于适用〈中华人民共和国保险法〉若干问题的解释（二）》第九条;《健康保险管理办法》第二十三条。